Maria Weiß

Sucht sucht Liebe

Alkohol das Pflaster meiner Seele

Mein Weg zur Heilung

Impressum

Bibliografische Information der Deutschen Nationalbibliothek:
Die Deutsche Nationalbibliothek verzeichnet diese
Publikation in der Deutschen Nationalbibliografie;
detaillierte bibliografische Daten sind im Internet
über http://dnb.dnb.de abrufbar.

Verlag:
BoD · Books on Demand GmbH,
Überseering 33, 22297 Hamburg,
bod@bod.de
Druck:
Libri Plureos GmbH, Friedensallee 273,
22763 Hamburg

ISBN: 978-3-8192-4880-1

Inhaltsverzeichnis

Inhaltsverzeichnis

Inhaltsverzeichnis

Quellen/Literatur:

Stefanie Stahl:
Das Kind in dir muss Heimat finden,
Kailash Verlag 2015

Erika J. Chopich/Margaret Paul:
Aussöhnung mit dem inneren Kind,
Ullstein Verlag 1997

Erika J. Chopich/Margaret Paul:
Das Arbeitsbuch zur Aussöhnung
mit dem inneren Kind,
Ullstein Verlag 2005

**Ertränke dich nicht in deinen Tränen,
sondern bade darin
und lasse dann das Wasser ab.**

Vorwort

Ich habe dieses Buch geschrieben, um mir bei meiner Suche nach Identität und Liebe endlich auf die Spur zu kommen und meine Gedanken und Gefühle mit dir zu teilen. In der Hoffnung, auf meinem Lebensweg in mir selbst einen Menschen zu finden, der es auch ohne Anstrengungen wert ist, geliebt zu werden, hatte ich mich selbst verloren und bin nach und nach in die Fänge des Alkohols geraten. Ja, das Leben und all die Menschen, mit denen man zu tun hat, können sehr anstrengend sein, wenn man einen Großteil seiner Energie dafür verwendet, jeden und alle glücklich machen zu wollen. Oftmals bleibt man dabei selbst auf der Strecke und hört nicht auf die innere Stimme der Erschöpfung. Die eigene Authentizität droht von der Maskerade des steten sich Kümmerns ins Hintertreffen zu geraten und der Wunsch nach Ruhe wird immer größer. Manche werden in solchen Situationen wütend, weil sie sich ausgenutzt fühlen, manche ziehen sich zurück und wieder andere betäuben sich, um so für ein paar Momente Entspannung zu finden. Und obwohl viele solcher Menschen spüren, dass sie selbst mit ihren eigenen Wünschen und Bedürfnissen eigentlich gar nicht mehr vorkommen, können sie von ihrem Verhalten nicht lassen. Das Motiv ist Angst. Es ist die Angst, nicht mehr geliebt oder anerkannt zu werden. So gerät man Stück für Stück in die Abhängigkeit von der Meinung anderer und verliert sich am Ende selbst. So ging es auch mir. Meine Erschöpfung versuchte ich mit Alkohol zu betäuben und geriet nach und nach in den Sog der Sucht.

Vorwort

Nach zwei Langzeittherapien gestalte ich nun seit vierzehn Jahren mein Leben ohne Alkohol. Doch jede Therapie ist immer nur die erste Stufe auf dem Weg zur Selbstfindung und das, was danach kommt, Stufe um Stufe eine stete Annäherung an das eigene Selbst. Das Schwierigste daran ist, das eigene Suchtverhalten als solches zu erkennen und sich der dahinterliegenden Motive bewusst zu werden. Seinen Wert über andere zu definieren, bedeutet Abhängigkeit. Somit gilt es zu erkennen, dass dein wahrer Wert sich aus dir selbst nährt und du ihn durch Eigenfürsorge und Selbstliebe erfahren kannst, wenn du dich auf den Weg machst.

Die Kapitel dieses Buches durchlaufen in chronologischer Reihenfolge einzelne Lebensphasen meiner Biografie und stellen dabei Erfahrungen und Erlebnisse heraus, die für die Entwicklung meiner Sucht prägend waren. Einige Kapitel schließen mit selbst verfassten Gedichten ab. Anhand meiner eigenen Suchtgeschichte möchte ich dir aufzeigen, dass sich eine Sucht in vielen Fällen als Folge innerseelischer Defizite entwickelt und als Bewältigungsstrategie dient, diese zu kompensieren. Auf meinem Weg zur Unabhängigkeit hat mir die Beschäftigung mit der aus der Psychologie stammenden Transaktionsanalyse und dem psychologischen Modell des Inneren Kindes sehr geholfen. Daher habe ich ergänzend zu meiner Biografie Grundlagen hierzu mit in mein Buch aufgenommen.

Deine Maria Weiß

KAPITEL 1

Meine Kindheit
Zwischen Pippi Langstrumpf und Aschenputtel

Eigentlich erinnere ich mich nur an einzelne Episoden aus meiner Kindheit und ich bewundere die Leute, die nahezu zu jedem Entwicklungsabschnitt ein paar Geschichten zu erzählen haben. Wenn ich mich als Kind beschreiben sollte, so sehe ich eine Pippi Langstrumpf, die in einem falschen Film spielt. Ich war ein sportliches, agiles und aufgewecktes Kind mit einer großen Portion Schalk im Nacken, doch gleichzeitig zeichnet meine Erinnerung auch ein Bild von einem traurigen und einsamen Kind, das sich quasi in zwei Welten bewegte. Da war die eine Welt - die Welt der Natur -, die ich betrat, wenn ich die Wohnung meiner Familie verließ. Es war die Welt der Wiesen, der Spielplätze, des Sommers und des Winters, die Welt der Tiere und die Welt der Schulfreunde. In dieser Welt war ich Pippi Langstrumpf. Alles schien leicht und unbeschwert, der Atem floss frei, nichts war eingeschnürt und ich konnte mich frei und ungezwungen bewegen.
Die andere Welt betrat ich, wenn sich die Haustür hinter mir schloss. Sogleich wich der freie Atem einer unterdrückten Anspannung, deren Ursache ich aber nicht klar ausmachen konnte. Es fühlte sich an, als sei Pippi in eine Art Starre verbannt. Meine Eltern wirkten wie Statisten, die ihre Rollen nebeneinander und scheinbar ohne Kontakt spielten.

KAPITEL 1

Einzig das Schweigen und eine Art gegenseitiges Verachten schien sie zu verbinden. Meine beiden Brüder waren wie Feuer und Wasser und schienen auch keine rechte Verbindung zueinander zu haben. Viel später sollte sich herausstellen, dass mein älterer Bruder jämmerlich an Vereinsamung und schwerem Alkoholismus zu Grunde gehen sollte, während der andere sich zu einen gefühlsarmen, narzisstischen Familienvater entwickelte. Einzig meine sieben Jahre jüngere Schwester schien für mich ein emotionaler Bezugspunkt zu sein, wo ich meine lebendige Art ein wenig im kleinen Kinderzimmer ausleben konnte.

Zurück zu meinen Eltern: Wenn ich so darüber nachdenke, dann würde ich meine Eltern eher als zwei Gestalten beschreiben, die immer so wirkten, als hätten sie mehr mit ihrem Unglück als mit uns Kindern zu tun gehabt. So kam mir meine Familie vor wie ein Topf mit kochendem Wasser, in dem jedes Wassermolekül für sich alleine zu sprudeln schien. Einmal hat meine Mutter mir erzählt, dass mein Vater kurz nach der Verlobung zu ihr gesagt habe, dass er sie nicht mehr heiraten wolle. Sie taten es trotzdem, was wohl der Tatsache geschuldet war, dass man zur damaligen Zeit halten musste, was man sich versprochen hatte. So heirateten sie mit dem Ergebnis, dass mein Vater noch am gleichen Tag den Ehering mit den Worten aus dem Fenster geschmissen hatte, dass er meine Mutter ja an sich ungewollt geheiratet habe und sie nun damit rechnen müsse, betrogen zu werden.

KAPITEL 1

Dies sollte sich viel später dann auch in einer grotesken Form bewahrheiten. Auch ohne dass man in einer Familie mit einem solchen Hintergrund gelebt hätte, kann man sich sicher vorstellen, wie meine Eltern miteinander umgingen und wie sich dies auf uns Kinder ausgewirkt hatte. Jeder war für sich und die Unverbundenheit meiner Eltern strahlte auf das gesamte Familienleben ab. Statt liebevoller Umarmungen oder gemeinsamer Unternehmungen gab es beklemmendes Schweigen oder eben Streit. Wie oft habe ich oben in meinem Kinderzimmer vor dem Gitter des Kaminschachts, der zum Wohnzimmer führte, gesessen und den Streit meiner Eltern mit angehört. Irgendwie wollte man sich die Ohren zuhalten und tat es dann doch nicht. Sicher waren da auch bessere Tage zwischen meinen Eltern, aber diese kann ich mir beim besten Willen nicht in Erinnerung rufen. Meist sehe ich einen Vater, der mit zusammengepressten Lippen am Mittagstisch saß (er kam mittags meist kurz von der Arbeit zum Mittagessen nach Hause) und dem das Essen nie zu schmecken schien. Einmal hatte er Diät gemacht. Meine Mutter hatte ein kalorienarmes Gericht mit Möhren gekocht, das dann aber einem Wutanfall meines Vater zum Opfer fiel und sich am Ende nebst Teller mit einem schrecklichen Geschmetter auf dem Küchenboden wiederfand.
Die wenigen glücklichen Momente, die ich erinnere, waren die, in denen ich auf den Schoß meines Vaters durfte und er mich Hinzenpinzenminzenmaunzenkinzenkanzenschninznenschnaunzen nannte.

KAPITEL 1

Warum er mich so nannte, weiß ich nicht, aber ich war glücklich darüber. Anders war das bei meinen Brüdern, die mir ganz andere Namen zugeteilt hatten. Ich musste wohl ein wenig pummelig gewesen sein, obwohl ich mir das gar nicht vorstellen kann, denn ich war sehr sportlich, konnte Purzelbäume und zig Radschläge auf der Wiese machen, konnte im Handstand laufen und vieles mehr. Doch all dies schützte mich keineswegs vor den mir zugeteilten Namen, die da waren: Plumpudding, Schwabbel, Schweinchen Dick, Speckschwarte und Fettfleck. Täglich sah ich mich diesen Beschimpfungen ausgesetzt, wobei es niemanden gab, der diesen Ausdrücken Einhalt geboten hätte. Diese Beschimpfungen sollten aber nur der kleinere Teil des Übels sein. Dazu später mehr. Falls du dich jetzt wunderst, warum ich nicht wusste, ob ich pummelig war: Die einzigen Fotos, die es von mir gibt, sind Fotos im Alter von vielleicht anderthalb Jahren. Danach gibt es nur noch eines von meiner Kommunion und eines, das meine Tante auf einem Kinderkarneval bei ihr zu Hause von mir gemacht hatte. Da war ich vielleicht fünf und dick war ich da nicht. Was die gesamte familiäre Situation noch erschwerte, war die Tatsache, dass wir niemanden zum Spielen mit nach Hause bringen durften. So waren niemals Freunde bei uns. Das Problem war allerdings, dass ich öfter mal bei meiner Freundin zum Mittagessen und zum Spielen eingeladen war.

KAPITEL 1

Dies wurde dann aber von Seiten meiner Mutter nur sehr ungern gesehen und schließlich sanktioniert, da sie ja sonst auch in der Bringschuld gewesen wäre. So blieb mir nichts anderes übrig, als den Großteil meines Kindseins ins Draußen zu verlegen, was ich aber per se nicht als schlimm empfand, denn ich war ja gerne draußen. An Spielzeug fehlte es uns wirklich nicht und tatsächlich waren wir materiell bestens versorgt. Dies konnte aber das Desaster der emotionalen Wüste in keiner Weise kompensieren. Als dann meine kleine Schwester zur Welt kam, wurde das zehn Quadratmeter große Kinderzimmer, das aus einem Klappbett, einem Schrank und einem im Zimmer stehenden Sekretär bestand, noch um ein Kinderbettchen erweitert, das direkt an mein Klappbett grenzte und aus dem mir das wunderbare Kinderlächeln meiner kleinen Schwester entgegenstrahlte. Dies eroberte ich mir durch eine lustige Ansprache, bei der ich meinen Humor und meine schlagfertige und kreative Art wunderbar einbringen bzw. loswerden konnte. Dann und wann bin ich dann mit dem Kinderwagen los, um meine Schwester durch die Gegend zu kutschieren. Überhaupt wurde man früher schon früh alleine überall hingeschickt, ob es nun Einkäufe oder Arztbesuche waren, die ich teilweise mit meinen Brüdern zusammen erledigte. Ja, die Brüder... Meine Brüder waren wie Feuer und Wasser. Der eine eher schwächlich und sehr sensibel, irgendwie auch immer sehr zurückgezogen.

KAPITEL 1

Der andere, der starke, sportliche Typ, der sich mit vielen, teils großspurigen Freunden umgab und auch selbst eher großspurig wirkte. Immer war eine Spannung zwischen beiden zu verspüren, eine Art Verächtlichkeit des starken Bruders gegenüber dem schwachen und umgekehrt. Ja, und schwach war ich wohl in ihren Augen auch.

Alles begann an dem Tag, als einer meiner Brüder und zwei Freunde von ihm zusammen mit meiner Freundin und mir im Pfarrheim Tischtennis spielten. Es gab dort zwei Räume. Der eine war der Raum mit der Tischtennisplatte, daneben ein anderer, kleinerer Raum. Jedenfalls geriet der Ball während eines Ballabtausches in den kleineren Nachbarraum und meine Freundin und ich gingen in den kleinen Raum, um den Ball zu suchen. Dies nutzten einer meiner Brüder und seine beiden Freunde aus, um uns in diesem Raum einzusperren und drohten, uns erst dann rauszulassen, wenn wir uns ausziehen würden. Dies taten wir und traten bis auf die Unterwäsche ausgezogen aus dem Raum. Dann sollten wir uns vor die drei Jungen hinstellen und unsere Unterwäsche ausziehen. Dies war der Anfang einer längeren Odyssee der Demütigungen für mich. Bis heute frage ich mich, warum mein Bruder so war und ich denke, er hat die Situation zu Hause dadurch kompensiert, dass er seine Ohnmacht, vor allem gegenüber meinem Vater, in eine Art Macht außerhalb der Familie umwandelte, um seine eigene Ohnmacht zu kompensieren. Dabei war ich als kleinere Schwester das ideale Opfer für ihn.

KAPITEL 1

Nun aber erst einmal zurück zu meiner Familie. Wir bewohnten ein kleines, 80 Quadratmeter großes Reihenhaus. Nicht wirklich groß für eine sechsköpfige Familie, aber für die damaligen Verhältnisse schon etwas Tolles, denn mein Vater hatte eine gute Position in einem großen Unternehmen. Materiell war also alles vorhanden, aber eben nur materiell, und wenn man Liebe wollte, mussten Strategien her, wie man diese vermeintlich erreichen könnte. So entschloss ich mich, ein wenig Liebe durch diverse Gefälligkeiten in Form von Putzarbeiten zu erhaschen. Ich saugte, ich putzte Böden, ich wischte Staub, ich spülte und ich reinigte das Bad. Hinzu kamen die durch meine Mutter verordneten Dienste im Keller, während derer ich vor der Waschmaschine saß, um irgendwann einen Knopf zu drücken, damit das nächste Programm startete. Daran, dass ich dafür die erhoffte Liebe erhielt, erinnere ich mich nicht. Im Gegenteil: Irgendwie schien alles nie gut genug zu sein, also galt es, sich noch mehr anzustrengen! Sehr wohl aber erinnere ich mich daran, dass ich regelmäßig von meiner Mutter geschlagen wurde. Dabei schlug sie mir zählend mit dem Kochlöffel auf den Hintern und ich hoffte, dass sie bald bei zwanzig angekommen sein würde. Wofür ich bestraft wurde, weiß ich nicht. Um so mehr aber erinnere ich mich, dass wir unsere Teller immer bis auf den letzten Krümel leer essen mussten, und auch daran, wie oft mein Vater sagte: „Maria hat noch Hunger.", obwohl ich keinen Hunger mehr hatte.

KAPITEL 1

So landete immer wieder zusätzlich Essen auf meinem Teller, das ich dann aber nicht mehr schaffte. Als Strafe ging es dann wahlweise auf die Holztreppe im dunklen Keller oder aber ins Gästeklo, wobei mir letzteres lieber war, denn im Keller hatte ich Angst. Angst ist gerade ein gutes Stichwort für die Fortsetzung der Erzählung zu den Demütigungen durch meinen Bruder. Die Sache mit dem Tischtennisraum schien auf den ersten Blick erst einmal überstanden, doch was dann folgte, war zunächst die Zuweisung eines weiteren Namens. Von Stund' an war ich die Galafrau. Was eine Galafrau genau war, das wusste ich nicht, aber irgendwie verband ich mit diesem Ausdruck eine Art Stripteasetänzerin bzw. irgendetwas, worüber man sich lustig machen konnte und was sehr beschämend war. Immer wenn dieses Wort – vor allem in Gegenwart meiner Eltern – fiel, krampfte es sich in mir zusammen und ich hoffte, dass niemand nach dem näheren Hintergrund dieser Bezeichnung fragen würde. Dies tat aber Gott sei Dank niemand. Die Geschichte setzte sich dann eines Tages weiter fort, als mein Bruder, seine beiden Freunde und ich miteinander an den Garagen spielten. Dieter, einer der Freunde, war – so würde man heute sagen – ein Opfer: klein, schüchtern und seinerseits das perfekte Opfer für meinen großspurigen Bruder und seinen ebenso großspurigen Freund Martin. Jedenfalls gab es neben diesen Garagen ein kleines Gebüsch mit einem Baum, über den man auf die Garagen klettern konnte.

KAPITEL 1

Dieter stand dort rum und plötzlich sagte mein Bruder, dass ich sein Geschlechtsteil berühren und in den Mund nehmen solle, ansonsten würde er verpetzen, was im Tischtennisraum passiert sei. Was blieb mir übrig, als das Geforderte zu tun? Es war eklig. Ja, Ekel und Angst vor Enttarnung, die mich noch lange begleiten sollten, sind die Gefühle, die mir beim Schreiben dieser Zeilen hochkommen. Hinzu kam die bange Ungewissheit, wann das empfundene Martyrium beendet sein würde. Glücklicherweise sollte es nur noch ein weiteres, nicht minder demütigendes Ereignis geben. Dieses spielte sich auf der Hinterseite meiner Grundschule ab. Wieder einmal war ich mit meinem Bruder und seinen beiden Freunden draußen. Auf der Rückseite meiner Grundschule war ein kleiner Grünstreifen, der blickdicht zu einer kleinen Seitenstraße durch eine Hecke eingegrenzt war. Plötzlich meinten sie, dass ich mich ausziehen und einmal nackt den Grünstreifen entlang und wieder zurücklaufen solle, was ich dann aus Angst davor, verpetzt zu werden, auch tat. Eigentlich erinnere ich die Scham nur schemenhaft. Was mir von allem am meisten in Erinnerung ist, ist die Erpressung meiner Brüder und die damit einhergehende allgegenwärtige Angst, enttarnt zu werden. Wenn ich heute daran zurückdenke, dann denke ich, dass wir irgendwie alle Opfer waren. Dieter nahm die Rolle des schüchternen Außenseiters ein, mein Bruder war das Opfer eines ihn verachtenden Vaters und ich als hilflose, kleine Schwester wiederum das Opfer meines Bruders.

KAPITEL 1

Keines der Kinder war erwünscht, davon bin ich überzeugt. Viel später, als ich fast 40 Jahre war, sollte mein Vater dann zu mir und meiner Schwester sagen, dass er uns 1000 km weit weg wünschte und wir nie geboren worden wären. Das saß! Tatsächlich waren wir wohl allesamt ein Symbol für ein Leben, das er und wohl auch meine Mutter nie leben wollten, hatte er doch eine Frau geheiratet, die er eigentlich gar nicht wollte. Seine Familie war sozusagen der Inbegriff für ein verpfuschtes Leben, weshalb er sich nur wenige Jahre nach der Hochzeit für ein Doppelleben entscheiden sollte, welches er unbemerkt nebst einem weiteren Kind bis zu seinem Tod im Jahr 2000 führte.

Ja – überhaupt – mein Vater: Was war das für ein Mann? Ich erinnere zwei Seiten an ihm. Da war einmal der Vater, der mit zusammengepressten Lippen und einem eher mürrischen Blick am Küchentisch saß, irgendwie immer mit einer Ausstrahlung behaftet, die uns Kinder am besten schweigen ließ. Man könnte fast sagen, dass er wie eine stete, gleichmäßige Bedrohung wirkte. Meine Mutter schien auf ihn eine fast störende Wirkung zu haben. Keinesfalls hatte man das Gefühl, dass dies seine Ehefrau sein könnte. Immer hatte er, wenn wir zu den seltenen Familientreffen fuhren, etwas an ihr auszusetzen. Das Kleid passte nicht, die Frisur saß nicht so, wie er es sich vorstellte. So kam es auch fast immer kurz vor diesen Treffen zum Streit, so dass ein bevorstehendes Familienereignis gleichbedeutend mit einer unangenehmen Auseinandersetzung meiner Eltern war und nicht selten damit endete, dass mein Vater

KAPITEL 1

kurzerhand zu Hause blieb. Ansonsten präsentierte sich mein Vater autoritär in dem Sinne, dass das Leben seiner Meinung nach kein Zuckerschlecken sei und man bloß nicht erwarten solle, dass man Menschen vertrauen könne. Wie oft habe ich ihn sagen hören: „Nimm dich nicht so wichtig." oder „Du darfst nicht alles glauben, was die Menschen dir sagen." Für mich hieß das übersetzt „Du bist nicht wichtig." oder „Vertraue niemandem!" Was für mich als Mädchen aber besonders rüberkam, war, dass meine Mutter nie schön genug war. Vielleicht führte es auch dazu, dass ich den Anspruch meines Vaters an das Frauenbild später auch auf mich selbst übertrug.

Was war nun die zweite Seite meines Vaters, von der ich sprach? Ich erinnere auch einen Vater, bei dem ich auf den Schoß durfte. Dies war bei meiner Mutter zu keiner Zeit möglich und sie erwähnte mir gegenüber einmal, dass sie mich als Kind vom Schoß gestoßen habe, als ich diesen „Thron" spontan bestiegen hatte. Erinnern tue ich mich daran zum Glück allerdings nicht. Aber nun zurück zu meinem Vater und an die wenigen guten Erinnerungen an ihn. Besonders ins Herz geschlossen habe ich die Situationen, in denen ich ihm entgegenlief, wenn er von der Arbeit nach Hause kam. Der Weg zur Arbeit betrug vielleicht einen Kilometer und ich lief meinem Vater des Öfteren auf halbem Weg entgegen. Es war immer die gleiche Stelle, an der ich begann zu rennen, um dann von ihm im Kreis umhergewirbelt zu werden. Dies war ein ganz besonderer Moment, denn da hatte ich ihn für mich und er erschien so

KAPITEL 1

herrlich entspannt und zugewandt. Leider beschränkte sich diese exotische Situation nur auf diesen einen Moment, bevor die Haustür aufging und sich die bekannte Atmosphäre einstellte. Sonntags ging mein Vater fast immer allein spazieren. Dass dieses sonntägliche Ritual einer schon damals existierenden Nebenbeziehung geschuldet war, ahnte damals niemand....Oder hatte es meine Mutter schon damals gespürt?

Was im Allgemeinen an positiven Erinnerungen existiert, sind die Familienurlaube nach Bayern, die wir regelmäßig auf einem Bauernhof verbrachten. Da wir Kinder auf dem Bauernhof zumeist mit der Versorgung der Tiere beschäftigt waren oder mit den Eltern zum Baden an den nahegelegenen See fuhren, war auch der Urlaub ein Aufatmen von der beklemmenden Atmosphäre der elterlichen Wohnung und erschien wie eine kleine, heile Welt. Zudem gab es da auch noch meine kleinen persönlichen außerfamiliären Erfolge beim Sport und in der Musikschule. Ich war ein sehr sportliches und musikalisches Kind, das – aus heutiger Sicht – schon sehr gut Flöte spielen konnte. Leider feierte ich meine zuvor erwähnten kleinen persönlichen Erfolge allein, denn meine Eltern blieben einer Aufführung im Pfarrheim, bei der ich ein recht anspruchsvolles klassisches Stück spielte, fern. Dies hatte mich sehr traurig gemacht, denn ich hätte so gerne meinen Stolz geteilt! Auch verschwand das Klavier meiner verstorbenen Oma, auf dem ich mir selbst das Klavierspielen beigebracht hatte, beim Umzug ins neue Haus sang- und klanglos. Das Spielen darauf hatte

KAPITEL 1

mir sehr viel Spaß gemacht und ich vermisste das Klavier sehr.

Ich vermisste es genau so sehr wie meine Lieblingsoma, die – als ich neun war – an Hautkrebs gestorben war. Hierzu fällt mir noch eine für mich sehr grausame Aktion meiner Brüder ein. Meine Oma hatte – wie gesagt - Hautkrebs, der sich an ihrer linken Wade in Form eines immer größer werdenden, dunkelschwarzen, blutigen Flecks zeigte. Am Ende musste das Bein laut meiner Brüder abgeschnitten werden. Doch sie beließen es nicht bei bloßen Äußerungen hierzu, sondern rissen meinem Lieblingsteddy Zottel ein Bein ab. Dies saß tief und Gott sei Dank nähte meine andere Oma das Bein dann wieder an. Was meine Brüder dazu getrieben hatte, kann ich nur vermuten. Sie hatten in mir wieder einmal das perfekte Opfer für ihre eigenen Projektionen gefunden. In Zusammenhang mit der Krankheit meiner Oma, die bis zu ihrem Tod einen Krankenhausaufenthalt notwendig machte, gab es noch eine weitere, prägende Situation: Meine Eltern fuhren gegen Abend oft nach Oberhausen ins Krankenhaus und ließen uns Kinder dann alleine zu Hause zurück und je länger sie fort waren, desto überzeugter war ich, dass sie einen schlimmen Unfall gehabt hätten oder tot seien. So stand ich mit meinen Teddy auf dem Arm am Kinderzimmerfenster, um ihre Rückkehr abzuwarten. Ich hielt Ausschau nach dem weißen Audi, beobachtete jeden in der Dunkelheit auftauchenden Autoscheinwerfer und jedes Autogeräusch, aber sie kamen nicht. Die Stunden des Wartens fühlten sich wie Tage an und so steigerte

KAPITEL 1

ich mich so sehr in meine Angst hinein, dass ich regelrechte Weinkrämpfe erlitt, die unserer Nachbarin nicht verborgen blieben. Einmal hatte ich mitbekommen, dass sie meiner Mutter davon erzählte, thematisiert wurde dies von meiner Mutter mir gegenüber aber nicht mehr. Diese Verlustangst sitzt bis heute tief und begleitet mich immer noch durch mein Leben. So ertrage ich es nur schlecht, wenn meine inzwischen fast 30-jährige Tochter feiern geht. Ich werde erst wieder ruhig, wenn ich weiß, dass sie sicher in ihre Wohnung zurückgekehrt ist. Aber nun noch einmal zurück zu meiner Lieblingsoma. Sie war die Mutter meines Vaters und war mein Lichtblick in der emotionalen Wüste. Sie strahlte Wärme aus und ich genoss es, auf ihrem Schoß sitzen zu dürfen. Besonders mochte ich, wenn ich für ein paar Tage bei ihr zu Besuch sein konnte. Es gab einen großen Garten und sogar einen Hund namens Wutz. Ich durfte mich mit den in der Schublade des alten Küchenofens befindlichen Gardinen als Prinzessin verkleiden. Das war das Highlight. Und ich durfte sogar bei Oma im Bett schlafen. Endlich hatte ich einen Menschen einfach nur für mich und ich durfte einfach so sein, wie ich war, ohne die meist ungeliebten Brüder und ohne diese beklemmende Atmosphäre zu Hause. Meine andere Oma war da etwas anders. Auch hier verbrachte ich so manche Tage, doch alles war irgendwie steifer und wenig emotional. Man spürte deutlich, dass es die Mutter meiner Mutter war. Ja, meine Mutter, auch sie hatte es sicher nicht leicht. Sie war ziemlich intelligent, hatte damals ein Ein-

KAPITEL 1

ser-Abi hingelegt und wollte – so hatte sie mir einmal erzählt – Apothekerin werden. Durch den sehr frühen Tod ihres Vaters konnte sie aber nicht studieren und hat dann in einem großen Unternehmen als Sekretärin in der Chefetage gearbeitet. Eigentlich konnte auch sie – wie mein Vater – ihr eigentliches Leben nicht leben, hat nie eine Ausbildung gemacht und fand sich dann mit vier Kindern neben einem ungeliebten Mann wieder. Was muss das für ein Gefühl sein? Wie sie sagte, waren wir Kinder keine Wunschkinder. Es gab halt keine Pille und mein Vater wollte - besonders nach feuchtfröhlichen Feiern – mit ihr ins Bett. So entstand ein um das andere Kind und mit jedem Kind eine weitere Belastung und Freiheitsberaubung. Meine Mutter begann dann, ungefähr als ich zehn war, das Ganze mit Alkohol zu kompensieren. Mir war damals nicht klar, warum, aber sie roch häufig unangenehm nach Alkohol und schickte mich fast täglich nach Tengelmann oder Aldi, um Perlwein zu besorgen. Sehr häufig lief ich diesen Weg und je öfter ich ihn lief, desto abhängiger wurde meine Mutter. Ich weiß auch noch, dass ich immer öfter wütend auf sie war, weil sie Tag um Tag das gleiche gemusterte Kleid aus einer Art Jersey Stoff anhatte, das sie im Wechsel trug, wusch und dann im Trockner trocknete, um es erneut zu tragen. Wütend machte mich wohl, dass ich fand, dass sie sich ja mal hübsch für meinen Vater hätte machen können. Wie sich der Alkoholkonsum dann weiterentwickeln sollte, dazu später mehr. Zu dieser Zeit wurde auch mein ältester Bruder in Punkto Alkohol erstmals auffällig.

KAPITEL 1

Ich erinnere mich noch gut daran, dass die Polizei vor der Tür stand, um meinen Eltern mitzuteilen, dass er mit einer Alkoholvergiftung ins Krankenhaus eingeliefert worden war. Dies war nur der Anfang eines Lebens, das sich viel später jämmerlich fortsetzen und schließlich elendig enden sollte.

Abschließend möchte ich noch etwas zu meinem Verhältnis zu meiner kleinen Schwester hinzufügen. In meine Kinderjahren bedeutete meine kleine Schwester für mich zum einen eine Spielkameradin, die ich mit meiner lebendigen Art zum Lachen bringen konnte, zum anderen spürte ich als große Schwester auch eine Art positive Überlegenheit, die meine Ohnmachtsgefühle gegenüber den anderen Familienmitgliedern etwas abmildern konnte. Allerdings zeichnete sich schon zu diesem Zeitpunkt ab, dass ich bis zum Tode meiner Eltern die Rolle der Pflichten zu erfüllenden Tochter einnehmen würde, während meine Schwester eher die Rolle des Nesthäkchens mit viel mehr Freiheiten einnahm. Aber natürlich war auch sie ein Opfer unseres desaströsen Familiensystems.

KAPITEL 1

Verstummt

*Des Kindes Sehnsucht ungestillt
im Niemandsland verschwunden.
Gefühle abgewürgt, gedrillt
und unversorgt die Wunden.*

*Der Schrei nach Liebe unerhört,
der Körper nicht berührt.
Die Kinderseele schwer gestört,
hat Wärme nie gespürt.*

*Das Leid zu spüren tat zu weh,
drum wurd es weggeschlossen.
Gestaut hat sich der Tränensee.
Gefühl in feste Form gegossen.*

*Erwachsen nun und krank das Herz,
doch weiß es nicht warum.
Denn wohl verpackt der innre Schmerz,
die Kinderseele stumm.*

*Kommt nicht zu Wort, weil sie nicht kann,
verloren das Gefühl.
Tarnt sich vermummt als starker Mann
und was sie sagt, klingt kühl.*

KAPITEL 2

Meine Pubertät
Zwiespalt zwischen Kind und Frau

Ich werde nie den Tag vergessen, an dem sich in meiner Unterhose erstmals Blut zeigte. Dies versetzte mich geradezu in einen Zustand des Schocks, der mit einer großen Ratlosigkeit und Hilflosigkeit einherging. Was sollte ich tun? Wie konnte ich dieses Ereignis, das mit äußerster Scham besetzt war, geheim halten? Ich tat es schließlich ein halbes Jahr lang. Meine Strategie war, dass ich, immer wenn ich meine Periode hatte, meine verschmutzten Unterhosen im Reißverschlussfach meiner Schultonne sammelte. Irgendwann war der Vorrat an Unterhosen aber erschöpft und ich entschloss mich, die gesammelten Stücke schließlich im Wald hinterm Haus zu vergraben. Nun war es soweit, ich musste zugeben, dass ich meine Periode hatte. Dies wurde von meiner Mutter allerdings mit einer für mich erstaunlichen Nüchternheit aufgenommen, was mich dann irgendwie aufatmen ließ. Begleitend zum Ereignis fand sich dann kurze Zeit später ein Buch mit dem Titel „Woher kommen die kleinen Buben und Mädchen" in unserem Haushalt wieder, das ich mit Neugierde verschlang. Leider war es aber von diesem Zeitpunkt an auch so, dass ich zu Menstruationszeiten meine beschmutzten Unterhosen in einem Topf sammeln musste, der mit Wasser und Waschmittel zum Einweichen befüllt war. Dieser fand sich dann unter meinem Bett und diente zugleich wohl

KAPITEL 2

auch als Beweis, dass ich nicht schwanger war, denn einmal, als sich meine Tage verspätet einstellten, hörte ich, wie meine Mutter zu ihrer Mutter sagte: „Hoffentlich ist Maria nicht schwanger." Diese Bemerkung erzeugte großes Unbehagen und irgendwie auch ein Schuldgefühl in mir, wäre ich doch nie auf die Idee gekommen, mich mit einem Jungen einzulassen! Rückblickend empfinde ich an dieser Stelle folgende Dinge: zum einen Kontrolle und Misstrauen meiner Mutter, zum anderen die Verknüpfung eines normalen körperlichen Entwicklungsvorgangs mit den Gefühlen von Angst und Scham. Dieses entstehende Empfinden passt auch sehr gut zu dem, was dann noch folgte: Irgendwann – ich muss so vierzehn oder fünfzehn gewesen sein - war ich der festen Überzeugung, Brustkrebs zu haben und traute mich nicht mehr, meinen BH auszuziehen. Er klebte fast wie eine zweite Haut auf meinem Körper und es bildeten sich schon Schmutzränder auf derselben, sodass ich meinen BH in der Badewanne sitzend anbehielt, damit sich besagte Schmutzränder im warmen Badewasser auflösten. Wie lange ich dieses Prozedere durchgeführt habe, weiß ich nicht mehr und auch nicht, warum ich überzeugt war, Brustkrebs zu haben. Vielleicht lässt es sich auf das Trauma der miterlebten Krebserkrankung meiner Oma und mein großes Interesse an medizinischen Themen zurückführen, das ich schon als junges Kind entwickelt hatte. Ich las immer sehr gerne im Bertelsmann Hausarzt und kannte mich bestens mit allen möglichen Krankheitsbildern aus, die ich mir teilweise dann aber

KAPITEL 2

auch selbst zuschrieb. Ich denke aber auch, dass das Frauwerden für mich insgesamt ein sehr schwieriges Thema war, denn sowohl von meiner Mutter als auch von meinem Vater ging eine unausgesprochene Mahnung bzw. empfundene Verachtung in Bezug auf das Reifen zur Frau aus. Möglicherweise – dies kann ich aber auch nur vermuten – stellte die Fruchtbarkeit gleichzeitig auch die Gefahr dar, Kinder zu bekommen, denn ihre eigenen Kinder waren ja für meine Eltern das Urteil, ein unfreies Leben mit einem ungeliebten Partner führen zu müssen. Auch erinnere ich mich an eine Situation, als ich auf eine Feier eingeladen war. Ich hatte mich geschminkt und wollte gerade los, als mein Vater mein Aussehen mit den Worten kommentierte, dass ich aussähe wie eine Schießbudenfigur. Dies traf mich sehr. Ich habe es im Nachhinein einmal gegoogelt: Der Ausdruck *Schießbudenfigur* steht umgangssprachlich für einen lächerlichen Menschen. Dazu passt an dieser Stelle auch die Reaktion meines Vaters, als einer meiner Brüder sich einen Bart wachsen ließ. Als er eines Tages durch die Haustür trat, kommentiere mein Vater den sich zeigenden Bartwuchs mit der Bemerkung: „Männer mit Bart kommen mir nicht ins Haus." Kein Wunder, dass mein Bruder sich mit siebzehn Jahren entschloss, sich aus unserem System zu verabschieden und auszuziehen. Irgendwie hatte ich auch für mich selbst das Gefühl, dass mein Vater mein Erwachsenwerden ablehnte. Explizit hat er es in meiner Erinnerung nicht geäußert, aber ich bemerkte, dass

KAPITEL 2

ich mich in seiner Gegenwart im „neuen" Körper zunehmend unwohl fühlte. Ich – als sich entwickelnde Frau – stellte quasi eine Bedrohung für ihn bzw. er stellte eine Bedrohung für mich dar.

Wahrscheinlich ist dies auch ein Grund dafür, dass ich mit ca. 18 Jahren begann, immer weniger zu essen. Meine Nahrung bestand fortan aus Knäckebrot, Zwieback und Magerquark. Mittagessen – also warme Mahlzeiten – verweigerte ich ganz. Das war aber auch nicht schwer durchzuziehen, da meine Mutter zu dieser Zeit schon längst zur Alkoholikerin geworden war, die, wenn ich aus der Schule nach Hause kam, meistens mit abwesendem Blick in ihrem Ohrensessel saß. So verschwand ich möglichst schnell über die Wendeltreppe in mein im Kellergeschoss befindliches Zimmer, das ich mir mit meiner kleinen Schwester teilte. Da fiel es dann auch nicht weiter auf, dass das Mittagessen ausfiel. Was aber irgendwann auffiel, war mein immer magerer werdender Körper. Allerdings wurde dies nicht von meinen Eltern, sondern vielmehr von einer Nachbarin mit den Worten: „Die Maria wird immer dünner." kommentiert. Das war es dann auch schon. Ich selbst fühlte mich in diesem neuen Körper sehr wohl, hatte ich doch die komplette Kontrolle darüber. Niemand konnte mir da reinreden und noch besser: Niemand – außer mir – hatte in dieser Hinsicht Kontrolle über mich. Meine Eltern, die sonst so viel emotionale Macht über mich hatten, waren nun endlich einmal machtlos.

Was ich traurigerweise nicht erreichte, war Aufmerksamkeit. Ich glaube, dass meine Eltern das gar

KAPITEL 2

nicht sehen wollten, so wie sie vieles nicht sehen wollten, hätte es für sie doch bedeutet, sich die desaströse Situation und somit auch das mögliche eigene Versagen vor Augen führen zu müssen. Gleiches galt auch hinsichtlich meines schwer psychisch kranken und zudem alkoholkranken Bruders. Auch er war irgendwie ein unbeachtetes Gespenst und seine Macht bestand vielleicht darin, sich immer mehr kaputtzumachen, ohne dass irgendjemand dies hätte verhindern können. Meinen Bruder zu beschreiben ist schwierig, denn Kontakt aufnehmen konnte man nicht so recht zu ihm, da er selbst auch keinen Kontakt zur „Familie" aufgenommen hat bzw. aufnehmen konnte.

Ich erinnere mich an einen Bruder, der nie greifbar war, der eigentlich immer in sein Zimmer verschwand und dort auch in großen Teilen seine Mahlzeiten auf einem Campingkocher zubereitete. Wenn er aus dem Zimmer trat, dann zumeist schweigend und stets betrunken. Irgendwie war er für mich immer wie ein unheimlicher Geist und ich hätte mir nicht vorstellen können, mit ihm allein im Haus zu sein. Noch heute - nach seinem Tod mit nur 41 Jahren - beschäftigt mich die Angst vor dem eigenen Bruder. Ich kann mich in diesem Zusammenhang noch an eine Situation erinnern: Ich war schon um die 35 Jahre alt. Zu dieser Zeit kam ich einmal in der Woche ins Haus meiner Eltern, um gegen Bezahlung zu putzen. Meine Eltern waren beide nicht da und ich war gerade draußen auf der Terrasse, als ich bemerkte, dass mein Bruder sich inzwischen ebenfalls im Haus meiner Eltern befand.

KAPITEL 2

Ich hatte ihn von der Terrasse aus im Wohnzimmer gesehen und mich nicht getraut hineinzugehen. Tatsächlich empfand ich Angst vor meinem eigenen Bruder! Er war wie ein unheimlicher Geist, der menschliche Eigenschaften wie Wunsch nach Kontakt oder Kommunikation überhaupt nicht zu haben schien. Hinzu gesellte sich noch eine Art passive Aggression, die unkalkulierbar und nicht einzuordnen war. Irgendwie spiegelte seine Persönlichkeit auf tragische Art das stumme, beziehungslose Nebeneinander unseres Familiensystems wider. Seinem traurigen Tod und seiner würdelosen Beerdigung widme ich zu seinem Gedenken an späterer Stelle ein eigenes kleines Kapitel.

Als Abschluss dieses Kapitels möchte ich noch einmal auf meine kleine Schwester eingehen. Zumindest sie konnte sich für eine geraume Zeit eine große Portion Aufmerksamkeit sichern, wenn auch durch einen sehr traurigen und beängstigenden Umstand. Irgendwann wurde sie immer blasser und schmaler, bis sie nur noch ein Schatten ihrer selbst war. Untersuchungen in der Klinik ergaben, dass sich in ihrem Bauchraum ein riesiger Tumor gebildet hatte, dessen Ursache und Beschaffenheit aber bis zum Schluss niemand klar bestimmen konnte. Da er an vielen Organen festgewachsen war, wurde meine Schwester vom Brustbein an bis zum Unterleib aufgeschnitten, um möglichst viel von dem monströsen Tumor zu entfernen. Dies zog einen mehrmonatigen Aufenthalt auf der Kinderkrebsstation nach sich. Dort besuchte ich sie des Öfteren, immer in der

KAPITEL 2

Angst, dass sie – so wie ihre Zimmergefährtin – sterben müsse. Gott sei Dank war dies nicht der Fall und der Tumor bildete sich wie durch ein Wunder wieder zurück. Bis heute weiß niemand, was genau den Tumor ausgelöst hatte und was genau sich dahinter verbarg. Manchmal denke ich, er war ein Symbol für unser krankes Familiensystem.

KAPITEL 2

Rollenspiel

Als ich schlüpfte, war ich nackt,
wurde sogleich eingepackt.
Niemand stellte je in Frage,
dass ich als Mädchen rosa trage.

So wuchs ich auf, rosa Gewand,
ging der Mutter brav zur Hand.
Kein Widerwort, den Kopf gesenkt,
hübsch in die rechte Bahn gelenkt.

Wichtig nur die guten Noten,
Rebellion war streng verboten.
Pubertät und andre Sorgen
blieben lieber ganz verborgen.

Schmuck und Schminke,
da verpönt - wurden mir ganz abgewöhnt.
Was übrig blieb, das war nicht viel,
denn alles war ein Rollenspiel.

Die Rolle wurde dann zur Last,
hab`sie verdammt, hab`sie gehasst.

Ich schlüpf' erneut.
Doch dieses Mal,
treffe ich selbst die Kleiderwahl.

KAPITEL 3

Meine Teenagerzeit
Raupe oder Schmetterling?

Wie bei jedem sich zu einem erwachsenen Menschen entwickelnden Jugendlichen bestanden meine Entwicklungsthemen aus Sexualität, Selbstfindung und Abgrenzung. Diese Themen bzw. deren Bewältigungsstrategien sollten sich für mich äußerst schwierig gestalten und wirken noch bis heute auf mein Leben ein.

Da das Thema Sexualität für mich mit Scham und Angst besetzt war, gestalteten sich die ersten Kontaktversuche zu Jungs sehr schwierig. Die vorherrschenden Gefühle waren Angst, Scham und eine große Unbeholfenheit. Schon damals hatte ich das Gefühl, dass Kontakt zu Männern immer automatisch mit Sexualität oder - noch krasser - mit einer Art Verpflichtung zu sexueller Dienstleistung verknüpft war, d. h., ich war vollkommen gefangen in der Vorstellung, dass ein Kontakt ausschließlich und initial über Sex zu knüpfen sein könnte. Meine Ansicht über mich selbst war, dass ich als Mensch mit meinen Gefühlen, Bedürfnissen und meiner Gedankenwelt uninteressant wäre. So musste ich meinen Körper vorschieben – und dies mit einem von mir empfundenen erheblichen Leistungsdruck –, um mich überhaupt in irgendeiner Form für jemanden interessant zu fühlen. Was sich hinter dieser Fassade verbarg, war ein zutiefst verletzter, beschämter und unter immensem Druck stehender

KAPITEL 3

Mensch, der sich all dies aber in keiner Weise anmerken ließ. So kam es, dass mein erster unbeholfener Kontaktversuch in Form eines ersten Kusses bei einer Feier in einem Jugendheim in einem Desaster endete, da der Junge meinen Kuss mit den Worten kommentierte, dass ich nicht küssen könne. Dies war der erste Schlag ins Gesicht. Also musste ich es irgendwie besser machen. So folgte dann der zweite Kontaktversuch, diesmal unter erheblichem Alkoholeinfluss, welcher dazu diente, meine Verkrampfung zu lösen, um es dieses Mal besser zu machen. Schlimm war, dass es sich dabei nicht nur um einen Kuss, sondern um eine Vorstufe zum Geschlechtsverkehr auf einer Feier handelte. Noch schlimmer war, dass der Junge weder mein Freund war noch irgendwann einer geworden ist oder hätte werden können, denn er hatte mich eigentlich nur benutzt. Überhaupt war er bekannt dafür, ein Casanova zu sein, aber darüber habe ich damals nicht nachgedacht. Ich weiß nur, dass ich mich schlecht gefühlt habe und neben diesem schlechten Gefühl nichts Positives geschweige denn Schönes aus dieser Erfahrung ziehen konnte, hatte ich mir doch im Innersten eigentlich eine ganz andere Nähe gewünscht.

Wieder einmal blieben meine innersten Bedürfnisse nach Nähe und Geborgenheit tief versteckt und ich konnte auch im weiteren Verlauf meiner Entwicklung keine andere Art der Kontaktaufnahme aufbauen. Diese Vorgehensweise zog nicht nur meine Achtung vor mir selbst und damit einhergehend meinen Selbstwert herunter, sondern führte auch dazu, dass ich mich niemals getraut hätte, einen potenziell „anständigen" Jungen anzusprechen und habe einen solchen durch meine Ausstrahlung zu dieser Zeit wohl auch nie angezogen. Zunehmend begann ich, meine Selbstverachtung, die Verachtung meines Körpers und meine innere Leere mit Alkohol zu betäuben und so wurde der Alkohol auf jeder Party mein tröstlicher Begleiter, um mich von meinen immensen inneren Spannungen und Verkrampfungen ein wenig zu befreien. Dies funktionierte und tauchte mich in ein Wohlgefühl, was mich nicht mehr so sehr von den anderen trennte und mich meine inneren Qualen nicht mehr so spüren ließ. Während ich mich – unbemerkt von meinen Eltern – auf Partys betrank, betrank sich zu Hause meine Mutter immer mehr und wenigstens dadurch hatten wir eine gewisse Gemeinsamkeit. Mir war damals aber nicht bewusst, dass ich selbst auf einem guten Wege war, irgendwann in die Fußstapfen meiner alkoholkranken Mutter zu treten. Für mich war der Alkohol zu diesem Zeitpunkt einfach ein Seelentröster, eine Medizin, um mich unbefangen und entspannt zu fühlen. Zunehmend trat dann der Alkohol auch außerhalb von Partys in mein Leben. Meine damalige Freundin und ich teilten das Hobby des Mopedfahrens. Ich hatte mir im Alter von 17 Jahren ein altes Mokick gekauft, was für mich für ein wenig Freiheit und Abgrenzung zum rigiden Familiensystem bedeutete, denn meine Eltern mochten dieses Moped und die Motorradclubs, mit denen ich an Wochenenden als Sozia unterwegs war, überhaupt nicht. Auf solchen Treffen wurde natürlich auch regelmäßig und reichlich getrunken. Dort traf ich dann auch auf meinen ersten Freund Alex, der emotional aber überhaupt nicht zu mir passte. Irgendwie ein selbstherrlicher, egozentrischer Typ, der mich eigentlich auch nur als Objekt seiner sexuellen Begierden sah. Die Beziehung endete dann wenig später jäh auf einem Motorradtreffen in der Schweiz. Ich war als Sozia auf seinem Motorrad mitgefahren und er hat mich nach einem Streit kurzerhand in der Schweiz zurückgelassen, sodass ich mit meiner Freundin Niki die gesamte Strecke nach Hause zurücktrampen musste. Niki war zur damaligen Zeit meine beste Freundin, aber eigentlich taten wir uns nicht gut, denn zunehmend versorgten wir uns regelmäßig mit Erdbeersekt. Erst war es nur eine Flasche für jeden, die wir entweder im Zelt tranken, das wir uns im Sommer auf einer Wiese in der Nähe von Nikis Elternhaus aufgebaut hatten, oder wir tranken auf Nikis Zimmer, wo wir uns später auch Seemannspunsch, einen Rum mit Zuckerwasser, kochten. Immer mehr schlich sich der Alkohol dann auch in der Woche in mein Leben ein, wobei ich zu dieser Zeit zwei -bis dreimal in der Woche 1,5 Flaschen Sekt konsumierte. Als ich bemerkte, dass ich davon an Gewicht zunahm, legte ich dann irgendwann eine Pause ein und zog mich erst einmal für drei Monate auf mein Zimmer zurück. Zu dieser Zeit fing ich an, meine Gedanken und Gefühle in Gedichten und Bildern zu verarbeiten und parallel dazu immer weniger zu essen. Ich wusste nicht, wer ich war und wie

KAPITEL 3

ich mich meinen eigentlichen Bedürfnissen entsprechend mitteilen konnte. Eigentlich war ich hilflos in meiner Flucht- und Suchtwelt gefangen, aber das merkte niemand, denn nach außen war ich der Klassenclown, die lustige und rebellische Maria. Immer gut drauf, immer für allen Schabernack zu haben und so existierten – wie schon in meiner Kindheit – zwei Persönlichkeiten in mir. Die eine trat nach außen auf die Bühne, während sich die andere im Stillen und mit sich allein in einer für die anderen nicht sichtbaren Welt bewegte. Überhaupt war alles, was sich in mir oder in meiner Familie zu Hause abspielte, für niemanden sichtbar oder erahnbar, sodass ich diese Geheimnisse komplett in mir selbst verbarg und all meine Gefühle nach innen richtete. Ich denke, dass meine Gedichte mein Ventil und aus heutiger Sicht letztendlich meine Rettung waren, denn sonst wäre ich wahrscheinlich zerborsten und heute nicht mehr da.

Wie ging es weiter? Ich habe dann meinen Führerschein gemacht, den ich aber schon nach acht Wochen wegen Trunkenheit am Steuer für neun Monate abgeben musste. Zu dieser Zeit hatte ich auch Selbstmordgedanken und fand mich immer mehr in Grübeleien und Rückzug wieder. Meine Innenwelt war so mit Gedanken überlagert, dass ich mir zwar oft selbst genug war, aber eigentlich war es wohl so, dass für mich die Interaktion mit Menschen sehr anstrengend war, weil ich ständig mit den Bedürfnissen und Erwartungen anderer beschäftigt war.

KAPITEL 3

Phantasia

Wenn ich auf grauem Boden lauf,
Reales mich erdrückt,
steig ich auf meinen Vogel auf,
der mich der Welt entrückt.

Er trägt mich nach Phantasia,
ich steige hoch hinauf,
Gedanken wandern schrankenlos
aus meinem Kopf heraus.

In meinem Land Phantasia
bau ich Gedankenschlösser mir,
ein Ort, befreit von Angst und Last,
den ich als Königin regier.

Mit Mut, Entschlossenheit und Kraft
lenk ich dort mein Geschick,
doch ängstlich schon senkt sich hinab
aufs Irdische mein Blick.

Die Erde ruft, mein Vogel sinkt,
Phantasia adé.
Wir setzen auf, auf hartem Grund.
Das Scheiden tut mir weh.

Die Sehnsucht nährt Phantasia
nur eine kurze Zeit.
Mein Vogel hält zum nächsten Flug
für mich sich schon bereit.

KAPITEL 4

Flügge werden
Mein Versuch der Ablösung

Meinen ersten großen Schritt in die Welt, raus aus dem Elternhaus, wagte ich - schon magersüchtig – mit meinem Studium der Theaterwissenschaften in Erlangen. Ich wollte eigentlich Schauspielerin werden, eine perfekte Möglichkeit für mich, meine fehlende Identität durch das Schlüpfen in verschiedene Rollen aufzufangen. Bei einer zuvor absolvierten Aufnahmeprüfung an einer Schauspielschule schnitt ich zwar gut ab, war am Ende aber nicht aufgenommen worden und wählte als Alternative dann das Studium der Theaterwissenschaften.

In der neuen Stadt angekommen, war ich erstmal völlig allein auf mich gestellt, kannte niemanden und fand mich in einem kleinen Zimmer eines Studentenwohnheims wieder. Zu diesem Zeitpunkt – ich war knapp 20 – war ich auf 48 kg abgemagert und hatte meine Periode auch nicht mehr, was eine Energiesparmaßnahme des Körpers ist. Man kann sich unschwer vorstellen, dass ich zur erfolgreichen Bewältigung eines Studiums zu diesem Zeitpunkt nicht fähig war, obwohl mir in einem der besuchten praktischen Seminare an der Uni schauspielerisches Talent attestiert wurde, sodass ich die Hauptrolle in einem Stück übernehmen sollte.

KAPITEL 4

Was dann jedoch folgte, waren Versagensängste und ein erneuter sozialer Rückzug. Meine Bewältigungsstrategie, mich von der Rollenverpflichtung als Darstellerin zu entbinden, bestand darin, dass ich mir mit einer zuvor geleerten Rotweinflasche so lange auf den Fuß schlug, bis dieser dick anschwoll, sodass ich mich krankmelden und aus der Verantwortung und letzten Endes auch komplett aus dem Studium ziehen konnte. Zuvor hatte ich schon einmal auf einem der zuvor beschriebenen Motorradtreffen selbstverletzendes Verhalten gezeigt, als ich unter starkem Alkoholeinfluss die Fingergelenke meiner rechten und linken Hände so lange an einer Baumrinde rieb, bis diese komplett bluteten. Den konkreten Grund dafür erinnere ich nicht mehr, ich weiß nur, dass ich es sich wie Selbsthass oder wie ein Spannungsabbau anfühlte. Aber nun zurück zum weiteren Verlauf meines Studiums. Rückblickend empfinde ich das Studium zum einen als Versuch, mich von meiner Familie zu lösen, zum anderen war es aber auch eine Rebellion gegen die Vorstellungen meiner Eltern, einen anständigen Beruf zu erlernen. Dass dieser Ablöseprozess vor dem Hintergrund meines desolaten Persönlichkeitszustands scheitern musste, war eigentlich klar. Ablösung wovon eigentlich? Von einer Familie, die im Sinne einer verbundenen Gemeinschaft in keiner Weise eine solche war? Ablösung von Eltern, die nie für mich da waren? Ich denke, dass es der Versuch einer Ablösung aus der Verantwortung für dieses kranke System war, hatte ich doch immer das Gefühl, ich

KAPITEL 4

müsste - vor allem das Leid meiner Mutter – auf meinen Schultern tragen. Dies war mir natürlich zum damaligen Zeitpunkt in keiner Weise bewusst. Gespürt habe ich immer nur, dass ich mich nie entspannen konnte und mich immerzu für die Bedürfnisse meiner Mutter und die Harmonie in meiner Familie zuständig fühlte.

Mein Motiv, mein Studium zu beenden und in das häusliche Umfeld zurückzukehren, war also in letzter Konsequenz nichts anderes als ein Schuldgefühl. Ein positiver Aspekt war, dass ich inzwischen in meiner Heimatstadt einen Verehrer gewonnen hatte, der dann nach meiner Rückkehr aus dem Studium mein Freund werden sollte. Er gab mir tatsächlich das Gefühl, von Interesse zu sein. Er war kreativ, emotional und hatte einen weichen Charakter. Auch meine Magersucht bekam ich zu dieser Zeit ganz gut in den Griff. Was letzten Endes nach neun Monaten dann doch zur Trennung führte, war, dass ich mit seiner liebevollen Art wohl nicht umgehen konnte. Aus heutiger Sicht denke ich, dass er der eigentlich richtige Mann für mich war. Den eigentlich nicht richtigen Mann – meinen späteren Ehemann - sollte ich dann einen Monat nach der Trennung kennenlernen.

KAPITEL 4

Angst vor Nähe

Dunkel wars, der Baum allein,
doch dann traf ihn ein heller Schein.

Den Baum erschrak das helle Licht,
durchdrang den Stamm, dies wollt er nicht.

Er wünschte sich die Dunkelheit,
dort war er sicher und gefeit.

Das Licht verschwand,
dem Baum war kalt.

Stand wieder ganz allein im Wald.

KAPITEL 5

Meine erste große Liebe
Schmetterlinge können lügen

Den nachfolgenden zwei Kapiteln möchte ich – dir liebe Leserin, lieber Leser - einen grundlegenden Gedanken vorwegschicken: Es ist weder meine Absicht, hier eine Inhaltsangabe zum Verlauf meiner Beziehung und späteren Ehe abzubilden noch möchte ich meinen damaligen Partner in irgendeiner Weise diskreditieren. Vielmehr geht es darum, zu verdeutlichen, dass wir häufig dazu tendieren, schädliche Muster und Erfahrungen aus der Kindheit in späteren Partnerschaften zu reinszenieren. Es gibt in diesen Partnerschaften also nicht den *Guten* (das Opfer) oder den *Schlechten* (den Täter), denn solange man sich in einem Szenario als Opfer sieht und in dieser Opferrolle verharrt, wird man nichts ändern, da man sich in eine passive Rolle begibt.
Somit hilft es, wenn man eine schädliche Partnerschaft als Aufforderung zur eigenen Veränderung, als Spiegel der eigenen schädlichen Verhaltensweisen sieht. An einem konkreten Beispiel ausgedrückt: Wenn du dir beispielsweise einen Partner aussuchst, dem du den ganzen Tag lang den „Arsch" hinterherträgst, dann solltest du dich fragen, warum du das eigentlich tust, denn die Wahrscheinlichkeit, dass du das gut findest, ist sehr gering. Wenn deine Antwort nun lautet: „Weil ich hilfsbereit bin", dann ist das zwar ehrenhaft, aber wenn du genauer hinschaust, dann ist dein wahres Motiv, dass

du Angst vor Liebesverlust hast, wenn du nicht so spurst, wie der andere das „möchte". Es kann auch sein, dass du sagst: „Der ändert sich ja nicht, ich kann sagen, was ich will." In diesem Fall wird es tatsächlich wahr sein, dass der andere sich nicht ändert, weil du in deiner Opferrolle bleibst. So lautet der Schlüssel: Ändere dich selbst, und zwar so, dass du dich gut fühlst und nicht deine ganze Energie in einen Menschen investierst, der eigentlich nur ein Spiegel deiner Verlustängste ist. Sprich: *Du* hast es in der Hand, die Situation zu verändern und entweder verändert der andere sich im besten Falle mit oder er will oder kann es nicht. Das Wichtigste ist nicht das Glück des anderen, sondern *dein* Glück, du musst nur den Mut dazu haben und dein neues Glück aushalten lernen!

Bei mir hat es 23 Jahre bis zur räumlichen Trennung von meinem Mann gedauert, obwohl ich eigentlich schon nach drei Wochen wusste, dass mein Mann kein guter Mann für mich ist. Die emotionale Trennung ist bis heute - 19 Jahre nach der räumlichen Trennung - immer noch nicht ganz abgeschlossen. Ein weiter Weg zur Unabhängigkeit, aber er lohnt sich am Ende, zugunsten deiner eigenen emotionalen Freiheit.

Mein Mann hatte von Anfang an eine starke Anziehungskraft auf mich. Groß, breitschultrig, männlich, stark. Es fühlte sich gut und richtig und vor allem ganz neu an. Ja, ich schien tatsächlich das erste Mal verliebt zu sein! Und tatsächlich sollte sich mein Beziehungswunsch erfüllen! Fast zu schön, um wahr zu sein. Die erste Euphorie wurde jedoch

KAPITEL 5

gleich zu Beginn durch mehrere Ereignisse jäh in realistischere Bahnen gelenkt. Zu einem der ersten Dates, für das wir uns in der Nähe meines Elternhauses verabredet hatten, erschien Martin nicht, sodass ich von einer Telefonzelle bei ihm zu Hause anrief. Sein Vater, der ans Telefon ging, sagte mir, dass Martin schlafe. Er hatte tatsächlich unser erstes Date verschlafen, und dass er dann doch noch kam, konnte meine Enttäuschung zumindest ein wenig lindern. Das nächste Ereignis, bei dem bei mir spätestens die Alarmglocken hätten läuten müssen, ereignete sich auf einer Fete, die in einem Vereinsheim stattfand. Wir waren so ca. drei Monate zusammen, die Feier war in vollem Gang und ich ging raus, weil ich Martin vermisste. Dann sah ich, wie er sich gerade mit einer Frau in ein Gebüsch verzogen hatte. Wie erstarrt saß ich draußen auf der Treppe und ich weiß heute noch nicht einmal mehr, ob ich ihn zur Rede gestellt habe. Was ich weiß, ist, dass ich zu diesem Zeitpunkt erstmals Trennungsgedanken hatte, war aber weit davon entfernt, diese in die Tat umsetzen zu können. So setzte sich unsere Beziehung fort und wir verbrachten nach einem Jahr Beziehung eine wirklich schöne längere Urlaubsreise mit einem Campingbus. Zurück von dieser Reise richteten wir uns unsere erste gemeinsame Wohnung ein. Schon zu dieser Zeit zeichnete sich ab, dass Martin eigentlich seinen eigenen bequemen Lebensstil, in dem sein Sport und häufige Saufwochenenden eine große Rolle spielten, weiterführen wollte. Ich war die im Kapitel eingangs beschriebene Frau, die ihrem Mann schön den Arsch

KAPITEL 5

nachtrug, für alles Häusliche verantwortlich war und ansonsten mit ihren eigenen Bedürfnissen allein blieb. Ich erinnere mich daran, dass ich zu diesem Zeitpunkt kleine Gedichte an meinen Mann schrieb, in denen ich das Ungleichgewicht unserer Beziehung moderat formuliert zum Ausdruck brachte. Resonanz dazu gab es allerdings nicht. Schon hier lassen sich Parallelen zu den in meiner Kindheit erlebten Situationen deutlich erkennen, doch mir persönlich blieben diese Zusammenhänge damals verborgen.

So strampelte ich mich weiterhin ab und koexistierte eher als schmückendes Beiwerk neben meinem Mann. Ich übernahm seinen Freundeskreis, der eigentlich gar nicht zu mir passte. Schon damals waren mir Vereinsmeierei und oberflächliche Gespräche mehr Last als Lust, aber ich machte alles einfach mit, ohne weiter darüber nachzudenken. Meinem eigenen kleinen Freundeskreis, den ich noch aus der Schule hatte, schloss mein Mann sich nicht an und nach und verlor ich meine alten Kontakte aus den Augen. Nachdenklich wurde ich zunehmend, als ein nächtlicher Anruf von irgendeiner fremden Frau bei uns einging, die Martin sprechen wollte. Noch nachdenklicher stimmte mich, dass Martin mir einen, auf einer seiner zahlreichen Sauftouren nach Ibiza begangenen Seitensprung beichtete. Das Schlimme an dieser Beichte war allerdings, dass sie sich darauf beschränkte, dass er Angst hatte, sich mit Aids angesteckt zu haben. Meine Gefühle spielten dabei überhaupt keine Rolle, sodass ich sogar die Rolle der Trösterin einnehmen

KAPITEL 5

sollte! Zunehmend manifestierte sich in mir eine Traurigkeit und ein Gefühl der Unzulänglichkeit, die ich aber damals noch nicht in Wut umzuwandeln im Stande war. Vielmehr verbrachte ich die vielen Nächte seiner Saufwochenenden damit, auf seine Rückkehr zu warten, teilweise – wie schon in meiner Kindheit – am Fenster stehend und mit einem Stofftier bewaffnet. Schöne Momente bestanden aus Radtouren und Urlauben, bei denen wir unsere gemeinsamen Interessen wie Sport, Kultur und Natur teilen konnten. Tiefergehende emotionale Verbundenheit gab es eigentlich nie. So vergingen die Jahre, die auch noch mit einigen weiteren Seitensprüngen belastet waren, ohne dass sich an unserer Beziehung irgendetwas ändern sollte. Zeitweilige Trennungsgedanken, die allerdings immer häufiger in mir hochkamen, konnte ich nicht final in die Tat umsetzen. Heute bin ich paradoxerweise froh darüber, denn sonst hätte es das größte Glück in meinem Leben – meine Kinder – nie gegeben. Ich könnte hier noch viele, ähnlich gelagerte Situationen beschreiben, möchte dies aber zugunsten der Absicht, hier nur ein prinzipielles Interaktionsmuster abzubilden, nicht tun. Vielleicht aber erkennst du dich an dieser Stelle ja in dem einen oder anderen Verhaltensmuster wieder.

KAPITEL 5

Konservieren

Einem Menschen, der dahinvegetiert,

wünschen wir Erlösung

und auch dem Tier.

So manche solcher Ehen aber

pflegen wir.

KAPITEL 6

Der Hafen der Ehe
Ungeteiltes Kinderglück

Es war im Juni 1990, als mein Partner und ich beschlossen, in den Hafen der Ehe einzulaufen. Parallel dazu verstärkte sich mein schon immer bestehender Kinderwunsch mehr und mehr. Ja, trotz meiner eigenen traurigen Kindheit oder vielleicht gerade deswegen war es mein sehnlichster Wunsch, Kinder zu haben. Mein Mann hatte nichts dagegen, wäre aber auch ohne Kinder glücklich gewesen.

Mein Wunsch wurde wahr und so kam 1992 unser Sohn Paul zur Welt. Getrübt wurde die Geburt von Paul einzig durch die Reaktion meiner Eltern, die mich so tief verletzt hat, dass ich sie hier niederschreiben möchte. In der Nacht vor der Geburt war meine Fruchtblase geplatzt und meine Schwester hatte mich nebst meinem Mann, der von einer Feier am Vorabend noch alkoholisiert war, ins Krankenhaus gefahren. Paul kam am nächsten Tag mittags zur Welt, was meine Schwester meinen Eltern auch mitgeteilt hatte. Als ich nach einer langen und komplizierten Geburt endlich auf meinem Zimmer war, versuchte ich meine Mutter zu erreichen, um meine Freude persönlich mit ihr zu teilen, aber es ging niemand ans Telefon. Ich versuchte es wieder und wieder, doch so oft ich auch anrief, ich konnte niemanden erreichen. Erst zwei Tage nach der Geburt erreichte ich meine Mutter, die ihr offensichtlich fehlendes Interesse an meiner Mutterschaft mit den

KAPITEL 6

Worten kommentierte, dass sie das Telefon nicht gehört habe, weil sie im Garten gewesen sei. Wieder ein Schlag ins Gesicht und ein ungeheurer Stich in meine Seele! Das saß tief! Ihr später folgende Besuch im Krankenhaus war einfach nur mit Scham meinerseits besetzt, da meine Mutter völlig betrunken dort auftauchte, sodass ich heilfroh war, als sie endlich gegangen war. Mein Vater ist gar nicht aufgetaucht und hat Paul erstmals drei Wochen nach der Geburt gesehen. Auch in allen nachfolgenden Jahren sollte keines meiner Kinder in irgendeiner Weise von Interesse für meine Eltern sein. Nicht ein einziges Mal haben sie einen Kinderwagen geschoben oder irgendetwas mit den Kindern unternommen. Für mich selbst aber bedeutete mein erstes Kind unendliches Glück, denn endlich konnte ich meine ganze Liebe, die mein Leben lang unbeantwortet geblieben war, investieren. Ich würde sagen, dass ich aufgeblüht bin, wurde selbst in Teilen wieder zum Kind und hatte große Freude an meiner Mutterrolle. Ich habe viel investiert, trotzdem würde ich nicht sagen, dass ich Paul mit Liebe überschüttet habe, wenngleich ich meinen beiden Kindern – und das muss aus heutiger Sicht sagen – in vielen Situationen zu viel abgenommen habe. Sicher ist dies für die Entwicklung eines Kindes zur Selbstständigkeit nicht zuträglich, aber ich wollte im Prinzip das, was ich selbst nicht bekommen hatte, bei meinen Kindern umso besser machen.
Mein Mann kritisierte dieses Verhalten zwar regelmäßig, brachte sich selbst aber nur sehr wenig bis gar nicht in die Erziehung ein und frönte weiterhin

KAPITEL 6

seinen sportlichen Aktivitäten oder verbrachte seine Freizeit vor dem Fernseher. Von Bekannten und Verwandten wurde das Szenario der fleißigen Hausfrau und Mutter und dem bequemen „Pascha" mehr oder weniger verdeckt beobachtet oder kommentiert. Dies hat mich an der einen oder anderen Stelle schon sehr gekränkt, wohlwissend, dass diese Situation von vielen belächelt wurde. Ich entschied mich aber, mich auf meine Mutterrolle zu konzentrieren.

Im Jahr 1994 kam dann meine Tochter Katharina zur Welt. Ein Wonneproppen mit eigenem Kopf und dabei sehr charmant und gewitzt. Ich hatte an ihr ebenso viel Freude wie an Paul und es war schön zu sehen, wie gut die beiden miteinander auskamen. Ich kann sagen, dass sie mein ganzer Stolz und mein ganzes Glück waren und sind. Um hier bei meinen Gefühlen zu bleiben: Auf der einen Seite war da meine Aufgabe als Mutter und das damit verbundene Glücksgefühl, auf der anderen Seite die Spannung zu meinem Mann, der sich fast gar nicht an der Erziehung der Kinder beteiligte. Ich erinnere mich an keine Nacht, in der er aufgestanden wäre, selbst in gemeinsamen Urlauben nicht, in denen ich mir dann und wann auch einmal eine Nacht gewünscht hätte, in der ich hätte durchschlafen können. Auch an den zahlreichen Strandtagen war ich es zumeist, die ein wachsames Auge auf die Kinder hatte, von ein paar von meinem Mann gegrabenen Sandlöchern oder kurzweiligen Vergnügungen mit den Kindern im Wasser einmal abgesehen. Ich hatte also einen Mann um mich, der zwar Familienvater war, welcher sich aber mehr oder weniger nur als

KAPITEL 6

schönes Beiwerk um die Familie rankte. Der Ausdruck Beiwerk passt an dieser Stelle sehr gut, denn das Hauptaugenmerk hatte mein Mann unbemerkt von mir zwischenzeitlich auf eine Nebenbeziehung gelegt. Gänzlich unbemerkt blieb es allerdings nicht, da ich sehr wohl spürte, dass er irgendwann nur noch nach Hause kam, seine Kleidung über den Küchenstuhl hängte, um dann ins Wohnzimmer vor den Fernseher zu verschwinden. Zu dieser Zeit wurde es emotional unerträglich für mich und ich verabredete mich schließlich mit meinem Mann in einem Restaurant, um ihm von meinem Vorhaben, mich zu trennen, zu berichten. Als er registrierte, wie ernst es mir war, beteuerte er Besserung und ich gab nach. Ich werde nie vergessen, dass ich für das Frühstück am nächsten Morgen eine Rose besorgt hatte, die den Neuanfang unserer Beziehung symbolisieren sollte. Dazu hatte ich einen kurzen, an meinen Mann verfassten Brief gelegt. Später auf diesen angesprochen, sagte er nur, dass er ihn gar nicht gelesen habe. Welch eine Ignoranz! Leider schaffte ich es aber im Nachgang nicht mehr, mein Trennungsvorhaben konsequent durchzuziehen, zumal zu dieser Zeit meine Eltern ein Haus gebaut hatten, in welches unsere Familie einziehen sollte. Vielleicht wäre dies ja ein Neuanfang! Was für ein Trugschluss, wie sich später herausstellen sollte!
An dieser Stelle möchte ich noch einmal kurz innehalten und dir eine Frage stellen: „Wie wenig muss sich ein Mensch Wert sein, der eine solche Ignoranz gegenüber seinen Gefühlen und Bedürfnissen durchgehen lässt?"

KAPITEL 6

Kompensieren

Anfangs läufst du baren Fußes
auf dem Weg der Liebe,
der weich mit tausend Rosenblüten bedeckt ist.

Sodann entführen leichte Winde
so manches Rosenblatt
und nehmen es mit sich fort
durch die noch warmen Lüfte.

Unmerklich fast - doch stet -
entfernt sich Blatt um Blatt.
Die Winde nehmen zu und werden kühler.

Die Füße treffen nun auf manche kahle Stelle,
die kalt sie schreckt
und schnell auf weiche Blätter treibt.

Doch bald schon sind auch diese Inseln rar
und deine Füße spüren nur noch kaltes Pflaster.

Schwielen bilden sich dann und wann,
doch sie sind kein Rosenpolster.
Sie machen deine Füße hart
und lassen sie vielleicht niemals mehr

den weichen Rosenweg spüren.

KAPITEL 7

Lug und Trug
Mein Herz sagt nein
Mein Kopf sagt ja

Wir zogen also in das schöne, neue Haus mit eigenem Garten, wunderbar in einer grünen und kinderfreundlichen Neubausiedlung am Rande der Stadt gelegen. Eigentlich ein guter Platz für einen Neustart, einzig ein wenig getrübt von dem Umstand, dass mein Vater kurz nach unserem Einzug plötzlich nach einer OP verstorben war, was übrigens von meiner Mutter erst einen halben Tag später an uns Kinder kommuniziert wurde, obwohl ihr bereits einen Tag vorher bekannt war, dass er im Sterben lag und die Nachwirkungen der OP nicht überleben würde. Ich denke, sie hat ihm als Vergeltung für die lieblose Ehe nicht gegönnt, dass wir uns von ihm verabschieden können, und ich bin heute auch davon überzeugt, dass sie schon zu diesem Zeitpunkt von seiner jahrzehntelangen Nebenbeziehung gewusst hat.
Bevor ich über die weiteren Ereignisse im neuen Haus erzähle, möchte ich an dieser Stelle meinem neun Monate vor meinem Vater verstorbenen Bruder Rainer zu seinem Gedenken einige Zeilen widmen.

KAPITEL 7

Für meinen Bruder

Wie ich es schon beschrieben hatte, war mein Bruder ein sehr zurückgezogener, nicht greifbarer und schwer alkoholkranker Mensch, der es trotz einiger Therapien nicht geschafft hatte, sich aus seinem emotionalen Gefängnis zu befreien. Ein Gefängnis war auch seine Wohnung, die ich erstmals betrat, als ich ihn zusammen mit meinem Vater verblutet in seiner Wohnung fand. Er lag mit dem Kopf unter einem Stuhl, nur mit einer Unterhose bekleidet und ich hatte dies fast gar nicht wahrgenommen, da ich beim Betreten der Wohnung immer noch unter dem Schock des völlig vermüllten, mit Blut beschmierten Fußbodens stand. Überall türmte sich Müll, überall Dosen, Flaschen und Zeitungspapier. Dies war wie ein Spiegel seiner Seele und ich werde dieses Bild auch nie mehr aus meiner Erinnerung löschen können. Wie sich später nach polizeilichen Ermittlungen herausstellte, war mein Bruder bei einem durch seinen Alkoholismus bedingten epileptischen Anfall mit dem Hinterkopf vor die Heizung geschlagen und daran verblutet. Vorher musste er noch im Bad gewesen sein, denn auch dort war alles voller Blut. Ein schrecklicher Anblick! Was dann folgen sollte, war jedoch ein noch viel prägenderes Ereignis für mich: Es war die Beerdigung meines Bruders.
Außer dem engsten Familienkreis war niemand zugegen, aber mein Bruder hatte ja ohnehin ein Einsiedlerleben geführt. Wir fanden uns als Familie vor einer ca. drei Quadratmeter großen Aufbahrungsni-

KAPITEL 7

sche ein, in die der hölzerne Sarg gerade einmal hineinpasste. Von einer Abschiedsmesse in der Kapelle des Friedhofs hatte mein Vater abgesehen, da er die Beerdigungsinstitute mit den Worten „Das sind alles Halsabschneider" abqualifizierte und sich jegliche „überflüssige" Kosten sparen wollte. Geld wäre reichlich da gewesen und ich vermute, dass die Schuldgefühle meines Vaters so tief saßen, dass er eine Messe nicht ertragen hätte. Vielleicht aber wollte er meinem Bruder auch keinen weiteren Raum für irgendeine Aufmerksamkeit geben, was ich aber eher nicht denke. Noch tragischer und schmerzlicher empfand ich die Aktion meiner Mutter, als wir schweigend vor der kleinen Nische standen. In ihrer ganzen emotionalen Unbeholfenheit zerrte sie an dem auf dem Sarg befindlichen Blumengesteck und kommentierte ihr Tun mit den Worten, dass dieses doch zu schade wäre, um mit dem Sarg in die Erde gelassen zu werden. Welche Worte soll man dafür finden? Glücklicherweise hatte ich ein paar Worte für meinen Bruder verfasst, welche ich hier noch einmal niederschreiben möchte.

KAPITEL 7

Nebel

Da meine Sehnsucht nicht erfüllt,
hab`ich in Nebel mich gehüllt.

Der Nebel hat mein Herz versteckt,
hat alles Fühlen abgedeckt.

Durch meine dicke Nebelwand
hab ich mich selbst nicht mehr erkannt.

Nun ist der Nebel aufgelöst
und meine Seele ganz entblößt.

Wohin sie fliegt, Ihr wisst es nicht,
doch habe ich jetzt klare Sicht.

(für meinen Bruder † 1999)

KAPITEL 7

Ja, das Leben besteht aus vielen schmerzlichen Abschieden, aber ebenso aus neuen Lebensabschnitten und so möchte ich dir erzählen, wie es im neuen Haus weiterging.

Die Kinder fühlten sich sogleich wohl im neuen Haus, konnten sich draußen frei bewegen und sogar zu Fuß zur Grundschule um die Ecke laufen. Ich widmete mich mit Freude dem Haus und dem Garten und der Alkohol (um dieses wichtige Thema weiter im Blick zu halten) war zu dieser Zeit immer noch ein täglicher, aber mit zwei bis drei Gläsern Rotwein am Abend relativ moderat genossener Begleiter. Was kurz nach dem Einzug in das neue Haus folgte, sollte ein erster Anstoß zur Veränderung meines Lebens werden.

Es war irgendwann im Spätsommer. Zu dieser Zeit fand im Pfarrheim des alten Stadtteils, aus dem wir fortgezogen waren, eine Veranstaltung vom Sportverein meines Mannes statt. Die Feier war im vollen Gang, als mein Mann mich vor die Tür bat. Wir waren alle schon recht angetrunken. Vor der Tür erwartete mich mein Mann und Bea, eine ebenfalls verheiratete Bekannte von ihm, die ich von einigen Partys kannte. Als ich vor ihnen stand, fühlte ich sogleich, dass irgendetwas nicht stimmte. Irgendwie lag etwas in der Luft und die Spannung löste sich endlich, als Bea zu meinem Mann sagte: „Nun sag es ihr!" Wenn mich jemand vorher gefragt hätte, dass das, was ich dann hören sollte, in irgendeiner Weise zutreffen könnte, hätte ich ihm einen Vogel gezeigt. Was ich dann aber zu hören bekam, warf

KAPITEL 7

mich dermaßen aus der Bahn, dass es mir buchstäblich den Boden unter den Füßen wegzog. Die Worte, die dann folgten, waren: „Wir sind zusammen." Erst wusste ich gar nicht, was mein Mann meinen könnte, aber dann war schnell klar, dass Bea und er ein Paar sind. Ich habe meinen Mann dann gepackt und in Richtung Gebüsch gestoßen. Dann nahm ich ein Taxi und fuhr völlig benebelt nach Hause. Eigentlich war ich mir zu hundert Prozent sicher, dass Martin sich nun von mir trennen und offiziell eine Beziehung mit Bea eingehen würde, aber es kam ganz anders.

Am nächsten Morgen – Martin war inzwischen auch nach Hause gekommen – steckte mir der Schock noch tief in den Knochen und ich war an sich zu einem wirklichen Gespräch nicht in der Lage. Eigentlich spürte ich in diesem Momenten nichts außer eine Art Apathie, die dann aber durch die Ankündigung meines Mannes, dass er bei mir bleiben wollte, durchbrochen wurde. „Bei mir bleiben, wieso denn bei mir bleiben?" Ich hatte keine Erklärung dafür, dass er bei mir bleiben wollte! Warum hat er mir denn dann vor allen Leuten und auf diese Art mitgeteilt, dass er in einer Nebenbeziehung war? Ich verstand gar nichts mehr und habe auch bis heute nicht herausgefunden, warum er mir das auf diese Art gesagt oder überhaupt gesagt hatte. Meine Erklärung ist, dass sie ihn dazu gedrängt hatte, in der Hoffnung, dass er sich von mir trennen würde, aber dazu war er dann doch zu feige. Fakt ist, dass ich zu diesem Zeitpunkt wie gelähmt und handlungsunfähig war.

KAPITEL 7

Ich wusste nicht mehr, wo mir der Kopf steht, und ich hatte eigentlich auch keine Kapazitäten, dem grotesken Wunsch meines Mannes, bei mir zu bleiben, entgegenzuwirken. Tatsache ist, dass es einmal mehr nur um ihn ging. Wie krass dieser Betrug in seinem ganzen Ausmaß wirklich war, wurde mir erst nach und nach klar. Um dir dies zu erklären, muss ich kurz in der Zeit zurückfahren:

Ich weiß nicht mehr genau, wann es war, aber es muss Anfang 1998 gewesen sein; zu diesem Zeitpunkt lief die Nebenbeziehung meines Mannes – unbemerkt von mir - schon acht Monate. Die Kinder waren fünf und drei Jahre alt. Damals fragte mich mein Mann, ob wir nicht mit Bea, ihrem Mann und weiteren Leuten in den Skiurlaub fahren sollten. Ich war überhaupt nicht begeistert davon, zum einen, weil die Kinder noch klein waren, zum anderen, weil ich mir eigentlich einen PC anschaffen wollte. Jedenfalls habe ich mich – nach einem heftigen Streit – dann durchgesetzt. Gott sei Dank, denn ich wäre mit einem Ehemann in den Skiurlaub gefahren, bei dem gleichzeitig seine heimliche Geliebte nebst ihrem ebenfalls ahnungslosen Ehemann zugegen gewesen wären. Welch ein bodenloser Vertrauensbruch! Welch ein kaltblütiges Vorhaben seitens meines Mannes und seiner Geliebten! Noch heute ist die Vorstellung, dass mein Mann dieses Vorhaben rücksichtslos durchgezogen hätte, für mich unfassbar und fast schon grotesk. All dies kam mir nach dem Auffliegen der Affäre nach und nach zu Bewusstsein und jeder normal denkende Mensch hätte spätestens an dieser Stelle die Beziehung in den Boden gestampft. Aber was denkst du, was ich gemacht habe? Ich habe mich einmal mehr nicht gewehrt, habe das Ganze heruntergeschluckt und erduldet, so wie ich es ja schon von meiner Ursprungsfamilie her kannte. In meinem Innersten aber war alles kaputt und das Szenario vom Skiurlaub ist nicht das einzige, im höchsten Maße verletzende Ereignis gewesen, aber es soll hier beispielhaft reichen, um eine Verknüpfung zu meiner lieblosen Ursprungsfamilie aufzeigen.

Wurden nicht auch damals schon meine Bedürfnisse und Wünsche übergangen? Wurden mein Selbstwert und meine Integrität nicht auch dort schon in den Boden getreten? Ja, handelte es sich nicht gar um eine emotionale und körperliche Misshandlung, bei der jedwede Grenzen überschritten wurden? Kein Wunder also, dass sich das damalige Muster geradezu in mich eingebrannt und mir den Stempel der Wertlosigkeit quasi als mein Markenzeichen aufgedrückt hatte. Nur so ist mir das Erdulden meiner ehelichen Situation erklärbar.

Ich verharrte also weiterhin in dieser eigentlich schon lange zum Tode verurteilten Beziehung. Die Jahre plätscherten so dahin und das schöne Haus und meine Mutterrolle schienen dem Ganzen doch noch einen ganz guten Rahmen zu geben. Hinzu kam noch eine neue Lebensaufgabe in Form eines Lehramtsstudiums, welches neben dem großen Haus und der Kindererziehung meine ganze Kraft forderte. Mein Mann und meine Ehe rückten also zu dieser Zeit in den Hintergrund, sodass sich die tief-

KAPITEL 7

sitzende Wut und Traurigkeit in der täglichen Geschäftigkeit ein wenig verloren. Erst wenn es Abend wurde und der Tag zur Ruhe kam, meldete sich das emotionale Loch zurück und forderte mit zwei, drei Gläsern Wein gefüllt zu werden. Unbemerkt, aber stet schlich sich der Alkohol als Tröster immer regelmäßiger in mein Leben ein. Alles ging seinen Gang, wobei der latente Wunsch, die Beziehung zu beenden, mein steter Begleiter war. Wer weiß, vielleicht ging es meiner Mutter in ihrer Ehe ähnlich.

Es war im Mai 2003, als sie ganz plötzlich an einer Hirnblutung verstarb, ein Ereignis, das den nächsten Baustein zur endgültigen Ablösung von meinem Mann bilden sollte.

Einschneidend und schließlich ein Schlüsselmoment war ein Vorfall, der sich auf einer Party, die kurz nach dem Tod meiner Mutter stattfand, ereignete. Wie so oft war es eine Party mit den Sportsfreunden meines Mannes. Ich war, wie immer auf solchen Feierlichkeiten, schon gut angetrunken und wegen des Todes meiner Mutter traurig, sodass ich die Party, die in einer recht abgelegenen Lokalität in der Nähe unseres Hauses stattfand, vorzeitig verlassen wollte. Meinem Mann passte das gar nicht, hätte es doch bedeutet, dass er mich nun nach Hause hätte begleiten müssen. Ich war ihm peinlich, zumal er einigen seiner Freunde zugesagt hatte, dass sie bei uns nächtigen könnten. So versuchte er, mich zum Bleiben zu überreden, aber ich wollte nicht. Ich verließ die Party und mein Mann kam unendlich wütend hinter mir her und ging so weit, dass er mir ins Gesicht schlug. Völlig aufgelöst und in Angst

KAPITEL 7

rannte ich den Feldweg entlang nach Hause, während mein Mann sich irgendwann in der Dunkelheit verlor. Ich werde nie vergessen, wie in diesem Moment der endgültige Entschluss, mich zu trennen, in meiner Brust wie ein Blitz einschlug.

Trotzdem sollte es noch zwei weitere Jahre dauern, bis ich mich aus den Fängen meiner Beziehung lösen konnte. Ich möchte nicht wissen, wie viele Menschen im Netz einer unglücklichen und schädlichen Beziehung gefangen sind. In ihren Köpfen haben sie unendlich oft das Szenario einer Trennung durchgespielt, doch eine ungeheure innere Kraft scheint sie zu lähmen und in ihrem Unglück festzuhalten. Diese Kraft heißt Angst. Doch Angst wovor? Es ist die Angst, ins Nichts zu fallen wie ein hilfloses Baby, das seine Eltern verliert. Tatsächlich verliert man mit der Trennung vom Partner indirekt seine Eltern, da man sich von seinem schädlichen, aus der Kindheit erlernten Muster trennt und somit von all den Dingen, von denen man meinte, dass man dafür Liebe bekäme. In letzter Konsequenz verliert man also bei der Trennung des Partners symbolisch die Liebe der Eltern. Ich glaube, bei mir war es so, dass ich mich nicht trennen konnte, weil ich im Inneren immer eine Art Stimme hatte, die sagte: „Wenn du dich trennst, lässt du den anderen im Stich."

Aber sicher war es auch so, dass das sich Abstrampeln für andere quasi meine Lebensaufgabe und somit schon eine Art Identität war, die ich verlöre, wenn ich mich trennen würde.

KAPITEL 8

Der Vorhang fällt
Die Trennung

Die endgültige, zumindest räumliche Trennung schaffte ich dann am 15. Juni 2005, was paradoxerweise unser Hochzeitstag und gleichzeitig der Tag war, an dem wir aus dem inzwischen von mir verkauften Haus rausmussten.

Als ich meinem Mann eröffnete, dass ich das Haus verkauft hatte und mir eine Eigentumswohnung kaufen wolle, nahm er dies erst einmal nicht ernst, so wie er mich im Prinzip die ganzen Jahre über nicht ernstgenommen hatte. Er schien sich also seiner Existenz an meiner Seite weiterhin sicher zu sein und erwachte erst, als er feststellen musste, dass es in der von mir gekauften Wohnung einfach keinen Platz für ihn gab. Aber wenn du jetzt denkst, dass er sich eine Wohnung gesucht hätte, muss ich dich enttäuschen. Vielmehr verfiel er in eine Art Starre und wandte die Vogelstraußpolitik an, um seinen Kopf einfach in den Sand zu stecken. So fand ich mich in den ersten Wochen seiner Wohnungslosigkeit in der Situation wieder, dass er auf einer Matratze in meinem Wohnzimmer schlief und die nötige Wohnungssuche dann auch von mir in die Wege geleitet werden musste, wobei es einige Kraft erforderte, meinen Mann zu einer Wohnungsbesichtigung zu katapultieren. Schließlich klappte es und er war endlich weg. Weg war allerdings nicht das noch bestehende Verantwortungsgefühl, welches

KAPITEL 8

ich im Sinne „Du kannst ihn nicht im Stich lassen."
unbewusst empfand. So putzte ich ein Jahr lang
einmal wöchentlich seine Wohnung, ein Verhalten,
aus dem man die Verbindung zu meinen Putzaktivi-
täten in der Kindheit ziehen kann. Ich weiß, dass die
Leute mich belächelt hätten, hätte ich über dieses
Verhalten gesprochen, aber ich habe meine Putzak-
tionen ja für mich behalten. Wohl wird aber mein
Mann dieses Verhalten sicherlich als noch beste-
hendes Band zwischen uns gedeutet haben und es
sollte noch sehr lange dauern, bis ich mich aus den
Fängen der immer noch bestehenden Abhängigkeit
befreien konnte. Aber die nächste Stufe auf meiner
Lebenstreppe war genommen und nur das zählte in
diesem Moment.

KAPITEL 8

Unbeirrt

*Ich gehe nicht mehr
auf einem Ast
ohne Zweige.*

*Ich gehe jetzt
auf einem Ast
mit Zweigen*

*Betrete diese
ängstlich zwar,
dass sie morsch seien.*

*Doch vertrauend,
dass sie mich tragen
und mir*

neue Wege zu leben weisen.

KAPITEL 9

Die erste Zeit nach der Trennung
Wo bleibt der Prinz?

Nun war es soweit: Mein Mann war endlich weg und ich dachte, dass sich jetzt das große Freiheitsgefühl einstellen würde. Irgendwie war ich ja auch frei und hatte erst einmal eine Menge mit dem Einrichten der neuen eigenen Wohnung zu tun. Das Studium hatte ich inzwischen auch mit einem guten Examen abgeschlossen und bis zum Beginn meines Referendariats als Grundschullehrerin hatte ich noch gut vier Monate Zeit. Die Wohnung war soweit eingerichtet und man könnte denken, dass nun eine Zeit des Aufatmens und der Leichtigkeit folgen würde, aber es kam ganz anders. Vom einen auf den anderen Tag bekam ich Panikattacken, die völlig aus dem Nichts über mich hereinbrachen. Dies war eine der schlimmsten Zeiten in meinem Leben, was mein körperliches und schließlich auch seelisches Befinden anging. Schlimmste Attacken mit Herzrasen, Schwindel, Beklemmungen, Schweißausbrüchen, Brustschmerzen und Atemnot sollten für ganze drei Monate mehrmals täglich und zum Schluss auch nachts zu meinem gefürchteten Begleiter werden. Kein Tag und keine Nacht vergingen, ohne dass ich Todesangst hatte und regelmäßig mit den Rettungswagen ins Krankenhaus gefahren werden musste. Diese Anfälle würde ich nicht einmal meinen ärgsten Todfeind wünschen, denn jedes Mal, wenn ich sie hatte, dachte ich, dass ich jetzt sterben würde.

KAPITEL 9

Am Ende konnte ich nachts nur noch im Sitzen „schlafen" und selbst dann bekam ich Erstickungsanfälle. Am Ende hatte ich – obwohl sowieso schon schlank – sechs Kilo an Gewicht verloren. Damals dachte ich, dass diese Attacken mit dem abfallenden Stress nach meinen sehr anstrengenden Abschlussprüfungen im Studium zusammenhingen, aber heute denke ich, dass meine Panik mit der Trennung von meinem Mann zusammenhing, den ich zu dieser Zeit in meiner Todesangst auch öfters angerufen hatte, um mir beizustehen. Eigentlich war ich in ein großes Loch gefallen, dessen große Leere mich wohl in Angst und Schrecken versetzte. Als das Referendariat begann, fing ich mich wieder, wohl auch deswegen, weil ich jetzt wieder etwas zu tun hatte, um mich von dieser Leere abzulenken.

Parallel zu all dem steigerte sich mein Alkoholkonsum immer mehr. Abend für Abend saß ich in meinem Wohnzimmer und trank. Während ich abends das erste Glas trank, war es so, als ob sich zeitgleich mein ganzer Körper mit einer wohlig wärmenden Entspannung füllte, doch je mehr Gläser ich trank, desto apathischer wurde ich und entfremdete mich dabei immer mehr von meinem Ich. Was war dieses Ich? Gab es überhaupt ein Ich? Vielleicht könnte man besser sagen: Je mehr ich trank, desto mehr flüchtete ich vor dem schmerzlichen Gefühl, gar kein Ich zu haben! Zu dieser Zeit begann ich auch, mich auf einer Dating-Plattform herumzutreiben in der Hoffnung, hier einen verständnisvollen, zu mir passenden Mann zu finden.

KAPITEL 9

So verbrachte ich jeden Abend bis spät in die Nacht damit, mit irgendwelchen fremden Männern zu chatten und je angetrunkener ich war, desto abenteuerlicher und ungehemmter wurden die Chats. Ja, schreiben konnte ich schon immer und so flogen meine Finger nur so über die Tastatur, um genau das zu schreiben, was diese Männer hören wollten. Ich verlor mich immer mehr und je mehr ich mich verlor, desto mehr verlor sich mein eigentliches Ziel, endlich einen verständnisvollen Mann zu finden. Im Gegenteil: Alles wurde immer unwürdiger und ich spielte ich par Excellence die Rolle einer tollen Sexgefährtin. Es fällt mir nicht leicht, dies hier niederzuschreiben, aber ich tue es, um dir meine Orientierungslosigkeit und seelische Verlorenheit etwas näherbringen zu können. Vielleicht kennst auch du das Gefühl, ein vermeintliches Interesse an Sex vorzuschieben, um dich bei Männern als attraktiv und begehrenswert zu positionieren. Das Tragische ist nur, dass das eigentliche Bedürfnis nach Nähe und seelischer Verbundenheit geradezu im Keim erstickt und das innere Loch parallel dazu immer größer wird. Was vielleicht noch schlimmer ist, ist die immer größer werdende Selbstverachtung und die Tatsache, dass man nur eine Rolle spielt und sich am Ende komplett selbst verloren hat. Ich kann sagen, dass die ersten drei, vier Jahre nach meiner Trennung sowohl für mich als auch für meine Kinder eine der schlimmsten Phasen in meinem Leben waren. Der Alkohol nahm eine immer mächtigere Rolle in meinem Leben ein und hatte längst auch die

KAPITEL 9

Macht über meine gesamte Persönlichkeit übernommen. Ich veränderte mich zusehends, wurde zunehmend aggressiver, wobei ich meiner Arbeit immer pflichtbewusst nachging und auch den Haushalt immer in Schuss hatte. Nach außen hin hätte niemand vermutet, mit welchen großen Problemen ich zu kämpfen hatte. Meine Kinder bekamen meine Veränderung sehr wohl mit, denn jeden Abend verschwand ich in mein Wohnzimmer, um mich in die Welt der schädlichen Chats zu flüchten. Immer mehr passierte es auch, dass ich außerhalb meiner Wohnung auf meinen zahlreichen Fahrradausflügen auffällig wurde. Einmal bin ich ganz in der Nähe meiner Wohnung vom Rad gestürzt und wurde dann auch noch von einem Schulfreund meines Sohnes dabei gesehen. Ein Vorfall, der meinem Sohn noch sehr lange höchst unangenehm war. Doch all dies hielt mich nicht davon ab, mich – vor allem an Wochenenden – draußen auf meinen Radtouren so zu betrinken, dass ich – apathisch irgendwo sitzend – von irgendwelchen Passanten angesprochen wurde. Nach Hause gekommen bin ich Gott sei Dank immer, aber ich möchte nicht wissen, wie oft die Kinder zu Hause saßen und sich gesorgt haben, ob ihre betrunkene Mutter wieder wohlbehalten nach Hause zurückkehrt. Ich würde die Zeit gerne zurückdrehen, aber dies ist meine Geschichte und die Ereignisse sollten sich in ihrer Intensität im Laufe der nächsten drei Jahre noch steigern.

KAPITEL 9

Sucht

Ich bin im Sumpf der Sucht,
tief hinein gesogen.
Ich bin im Sumpf der Sucht,
hab mich selbst betrogen.
Ich bin im Sumpf der Sucht,
befreite mich nur kurz.
Ich bin im Sumpf der Sucht,
schon folgt der nächste Sturz.

Meine Arme strecken
sich stets nach Liebe aus.
Doch möcht' ich auch verrecken,
schalt meine Geister aus.
Ich sitze da und starre,
mein Körper fühlt sich leer.
Und wenn ich so verharre,
spür ich mich selbst nicht mehr.
Mein Ziel ist nichts zu fühlen,
ich mach mich einfach fort.
Es schreckt nicht der Gedanke
an einen Todesort.

Nein! Ich will doch nicht sterben,
rüttle mich endlich wach.
Erwache aus dem Dunkel,
und seh das Himmelsdach.
Nein, ich will doch nicht sterben,
die Welt ist viel zu schön.
Ich will nun für mich sorgen,
gesunde Wege gehn.

KAPITEL 10

Meine erste Langzeittherapie

Ich erinnere mich noch ziemlich genau an den Tag, an dem ich wegen eines grippalen Infekts meinen Hausarzt aufsuchte, welcher aber im Urlaub war, sodass ich an seine Kollegin verwiesen wurde. Als sie mich beim Gehen fragte, ob sie sonst noch etwas für mich tun könne, erzählte ich ihr, dass ich schon seit einigen Jahren jeden Abend Rotwein trinke. Ich wollte es einfach einmal loswerden, und als die Ärztin das hörte, reagierte sie sofort und verwies mich an eine Psychologin. Dort kam ich erstmals wegen meines Alkoholkonsums mit einer Psychologin in Kontakt, die mir eine vierwöchige qualifizierte Entgiftung in einem Bochumer Krankenhaus empfahl. Sie schrieb mich krank und die Dinge nahmen ihren Lauf. Zum ersten Mal in meinem Leben hatte ich mich als krank und behandlungsbedürftig begriffen und trat die empfohlene Therapie an. Parallel hatte ich über die Caritas einen Antrag auf eine Langzeittherapie in einer Frauenklinik bei Bonn gestellt. Als ich aus der Entgiftung, die auch einige psychotherapeutische und kreative Angebote enthielt, entlassen wurde, dauerte es zwei Wochen, bis ich wieder zu trinken anfing. Ich war nie körperlich abhängig, sodass ich die Ernsthaftigkeit der Lage noch nicht erkannte und mir die verbleibenden vier Monate bis zum Beginn der Langzeittherapie mit Alkohol versüßte.

KAPITEL 10

Diese trat ich dann im Oktober 2007 in besagter Frauenklinik an, welche sich in einem alten Kloster, etwas außerhalb gelegen, befand. Dazu musste ich mein Referendariat unterbrechen, ging aber gegenüber meinen ausbildenden Lehrer*innen offen mit dem Grund hierfür um. Am meisten schmerzte mich, dass ich meine Kinder nun für vier lange Monate hinter mir lassen musste, und als ich erstmals durch das große Eisengitter in den Hof der Klinik trat, fühlte ich mich verloren und vor allem eines: krank!

Ich möchte hier keine detaillierte Schilderung meines Aufenthalts darstellen, sondern beschränke mich auf einigen wenigen Seiten auf die wichtigsten Erkenntnisse aus dieser prägenden Zeit. Einerseits machte mir die Klinik zunächst Angst und erzeugte vor allem die Sorge, wie es meinen Kindern in dieser Zeit gehen würde, waren sie doch bei einem Vater, der sich zuvor fast gar nicht um sie gekümmert hatte. Auf der anderen Seite war es aber auch ein Raum, in dem ich erstmals in meinem Leben mit all meinen Sorgen, Schwächen und Nöten Gehör fand. Ich war eine Gleiche unter Gleichen und die betreuende Psychologin war wie eine Mutter für mich, die ich so sehr in meinem Leben vermisst hatte. Dies hört sich alles positiv an, doch aus heutiger Sicht kann ich sagen, dass die Klinik mich eigentlich zunächst kränker gemacht hat, als ich war, oder besser gesagt, sie hat mich mich kränker fühlen lassen, als ich mich vorher je gefühlt hatte. Eigentlich hört sich das paradox an, aber tatsächlich kann man da-

KAPITEL 10

raus, dass einem eine Krankheit attestiert wird, einen Nutzen ziehen, der aber eigentlich schädlich ist, weil man das Kranksein dazu benutzt, in die Rolle des Opfers zu schlüpfen. Das heißt, man zieht einen Gewinn daraus, den man auch als sekundären Krankheitsgewinn bezeichnet. Mein Gewinn bestand darin, dass ich bei Gruppen- oder Einzeltherapien endlich einmal interessant für jemanden war. Ich wurde gehört und mein inneres Leid wurde gesehen! Manche steigern sich bei solchen Klinikaufenthalten mehr und mehr in ihr Leid hinein, um noch mehr Aufmerksamkeit auf sich zu ziehen, und dies tat ich an vielen Stellen auch.

So setzte ich während meines Klinikaufenthaltes erneut die Verweigerung von Essen als Mittel ein, um noch ein wenig mehr Aufmerksamkeit zu erhaschen, und nahm in dieser Zeit insgesamt zehn Kilo ab. Die Psychologen sprachen damals von Suchtverlagerung. Bei meiner viel zu frühen Entlassung nach vier Monaten hatte ich also unter anderem „gelernt", dass es ein schönes Gefühl ist, umsorgt zu werden und Aufmerksamkeit zu bekommen, eine Tatsache, die mein Verhalten in den nächsten zwei Jahren maßgeblich beeinflussen sollte. Die hier beschriebenen Erkenntnisse gewann ich aber erst viele Jahre später, als ich längst keinen Alkohol mehr konsumiert hatte.

Ich möchte hier noch einmal betonen, dass die erste Langzeittherapie natürlich auch viel dazu beigetragen hat, mich weiterzuentwickeln, allerdings habe ich das Entscheidende zum damaligen Zeitpunkt nicht ansatzweise begriffen, nämlich, dass man für

KAPITEL 10

sich selbst sorgen muss, sprich, die Verantwortung
für das Wohlergehen in den eigenen Händen liegt!
Andere für das eigene Wohlergehen verantwortlich
zu machen, ist also reines Gift für jede persönliche
Weiterentwicklung.

KAPITEL 10

Meine Gruppe

Meine Worte fanden Ohren,
meine Gedanken ein Zuhaus
und ganz gleich, was ich auch sagte,
niemand lachte mich hier aus.

Meine Augen fanden Blicke,
meine Tränen einen Schoß
und ganz gleich, wie viel ich weinte,
niemals fühlte ich mich bloß.

Meine Meinung wars, die zählte
und auch Kritik steckte ich ein,
wenn auch so manche Beichte quälte,
hier konnte ich ganz ehrlich sein.

Meine Gestalt fand ihren Spiegel,
und oft erkannte ich mich nicht.
Doch je öfter ich ihn schaute,
desto klarer mein Gesicht.

Und zum Schluss will ich noch sagen:
Einzig REDEN macht hier Sinn,
denn wer schweigt in dieser Runde,
dessen Zeit verrinnt dahin.

Ein Paket mit vielen Sorgen
hast du mit hierher gebracht,
doch sie ruhen dort verborgen,
hast du es nicht aufgemacht.

KAPITEL 11

Der endgültige Absturz

Aus der Klinik entlassen, kehrte ich – ich würde sagen als halbgegartes Fleisch - in meinen Alltag zurück und schaffte es zunächst einmal, ohne Alkohol auszukommen. Ja, es war mehr ein Auskommen, als dass ich in irgendeiner Form glücklich gewesen wäre. Vielmehr war es das Verantwortungsgefühl für meine Kinder, das mich in der Spur hielt.

Inzwischen hatte ich mein Referendariat auch wieder an einer anderen Grundschule aufgenommen und ging meinen täglichen Pflichten als Mutter und zukünftige Lehrerin nach. Schon damals aber spürte ich, dass der Beruf der Grundschullehrerin eigentlich nicht das Richtige für mich war. Ich war irgendwie selbst zu viel Kind geblieben und fühlte mich an vielen Stellen fremd in der Welt der – in meinen Augen – viel erwachseneren Kolleg*innen. Zudem fühlte ich mich ihnen gegenüber durch meine vielen „inneren Geheimnisse" defizitär und als Außenseiterin, was ich mir aber natürlich nicht anmerken ließ. Nach außen war ich – wie schon als Kind und Jugendliche - die lockere, lustige und allzeit bereite Maria.

Um meine innere Einsamkeit und Leere ein wenig zu lindern, saß ich abends – so wie schon vor der Therapie – vor meinem PC und trieb mich weiterhin auf Dating Foren herum. Wieder das gleiche Spiel: Chatten, mich mit irgendwelchen Männern daten,

KAPITEL 11

um irgendwie das Gefühl zu haben, interessant, attraktiv und lebendig zu sein. Das Fatale daran war, dass ich - wie schon zuvor - vorgab, jemand zu sein, der ich eigentlich gar nicht war. So spielte ich die perfekte Frau und erfüllte oberflächlich all die Wünsche, die sich die Männer erträumten, denn ich war ja schon immer eine Meisterin im Erkennen und Erfüllen der Bedürfnisse anderer! Was dabei komplett auf der Strecke blieb, war ich. Ich gehe sogar soweit zu sagen, dass ich mein eigentliches Bedürfnis nach Interesse und emotionaler Nähe – und damit meine eigene Seele - geradezu vergewaltigte. So sank mein Selbstwertgefühl mit jedem weiteren Chat und der Rückfall in den Alkohol ließ dann auch nach acht Monaten Abstinenz nicht lange auf sich warten. Dieser passierte mir bezeichnenderweise während eines Dates und sollte den Anfang meiner restlichen Alkoholkarriere einleiten. Ich hatte zu diesem Zeitpunkt eigentlich noch nichts wirklich aufgearbeitet: Weder mein Kindheitstrauma noch die Trennung von meinem Mann, die in emotionaler Hinsicht alles andere als abgeschlossen war.

Ich möchte nicht wissen, wie viele Menschen sich von ihrem Partner zwar trennen, im Grunde aber nur eine räumliche Trennung vollziehen, ohne sich darüber klar zu sein, dass die viel wichtigere emotionale Trennung nur teilweise stattgefunden hat. Warum sonst schlittern wir sogleich wieder in ähnliche Beziehungen mit dem ewig gleichen Muster? Meine Dates mit den falschen Männern bildeten also weiterhin das Fundament meiner sozialen Aktivitäten. Was waren das für Männer und was waren

KAPITEL 11

meine Beweggründe, mich auf diesen Foren aufzuhalten, die mir alles andere als guttaten? Die Männer, die ich anzog bzw. die mich anzogen, waren eigentlich im Groben nichts anderes als eine Kopie meines Exmannes und ich denke, mein Beweggrund, mich in dieser virtuellen Welt an desinteressierte Männer zu verschenken, war die Angst davor oder sogar das Unvermögen, mich auf die wahre Liebe einzulassen. Ja, wahre Liebe zuzulassen, ist ein Wagnis, eine Eisfläche, auf der wir auszurutschen oder gar einzubrechen drohen. Wahre Liebe ist wohl nur möglich, wenn wir uns zunächst selbst lieben lernen mit all unseren Unzulänglichkeiten und Fehlern und wenn wir es vor allem wagen, uns ohne eine Maske auf einen Menschen einzulassen. Davon war ich zu dieser Zeit aber noch weit entfernt. Zeit, kurz innezuhalten...

KAPITEL 11

Rendez-Vous

Die Angst davor
nicht zu gefallen
verschlägt mich
an den sichren Ort.

Ich lass dich ein
trotz der Gefahren,
schieb alle Zweifel
von mir fort.

Du denkst wohl
ich bin leichte Beute,
doch bin ichs nicht,
hab mich versteckt.

Hab meine Angst
und meine Wünsche
mit leichter Kleidung
gut bedeckt.

Ich geb mich her
in Windeseile,
du nimmst es an
und fühlst dich wohl.

Doch bleibt
beim Liebesspiel verborgen
mein Innres,
ach, so leer und hohl.

KAPITEL 11

Inzwischen war ich fast am Ende meines Referendariats angekommen und hatte noch einige Unterrichtsbesuche und die Abschlussprüfung vor mir, spürte aber immer mehr, dass mich der letzte Kraftakt überfordern würde, zumal ich mich in meinem Innersten längst von dem ursprünglichen Ziel, Grundschullehrerin zu werden, verabschiedet hatte. Parallel dazu verlagerte sich der Beginn meines Alkoholkonsums zunehmend in Richtung Nachmittagsstunden, vor allem dann, wenn ich draußen joggend oder Rad fahrend unterwegs war. Nicht selten endeten meine Radtouren dann auf irgendwelchen Suchtstationen im Krankenhaus, wo ich dann kurze Zeit verweilte, um mich dann am frühen Morgen selbst zu entlassen. Wenn ich heute darüber nachdenke, so schäme ich mich sehr, vor allem bei dem Gedanken, dass ich meine Kinder in großer Sorge zu Hause sich selbst überlassen hatte. Heute denke ich, dass diese „Aktionen" eine Art Auszeit waren, um mich zum einen selbst nicht spüren zu müssen, zum anderen aber auch, um mich in eine Art vermeintlich heile Welt zu flüchten. Das hört sich für dich sicher paradox an, aber tatsächlich fühlte ich mich im Wald mit einer Flasche Wein sitzend „frei" und genoss die anschließende Fürsorge der Ärzte und Pfleger im Krankenhaus, zumindest, solange ich noch betrunken war. Kaum nüchtern, wurde ich allerdings eher aggressiv und habe mich für meine Eskapaden sehr geschämt und verachtet. Irgendwie war ich nüchtern ein „anderer" Mensch, eher kontrolliert und mit einer riesig großen Maske ausgestattet.

KAPITEL 11

Mein betrunkenes Ich brachte die kleine Maria zu Tage, die nach Aufmerksamkeit und Fürsorge schrie. Wieder nüchtern, war das traurige Kind in mir gut verpackt und für niemanden sichtbar.

Vielleicht lässt sich meine Flucht in den Wald auch mit der Freiheit als Kind vergleichen, die ich ja damals draußen auf den Wiesen und Spielplätzen außerhalb meines mit Pflichten behafteten Elternhauses empfand. Einmal – ich war wieder einmal irgendwo betrunken unterwegs- hätte mich der Alkohol fast das Leben gekostet. Ich hatte mich wohl irgendwo draußen völlig betrunken auf einen Hinterhof gesetzt und war eingeschlafen. Gott sei Dank hatte mich – so wurde es mir später im Krankenhaus erzählt – eine Frau gefunden. Gott sei Dank deswegen, weil ich völlig unterkühlt mit ausgezogenen Schuhen fast erfroren wäre. Der Arzt sagte mir später, dass man sich wohl die Schuhe auszieht, kurz bevor man lebensbedrohlich unterkühlt, da einem der Körper weismacht, dass man überhitzt sei. Ich könnte dir jetzt noch von vielen nächtlichen Einlieferungen in diverse Krankenhäuser mit dem immer gleichen Ablauf erzählen, aber den krönenden Abschluss und den Tiefpunkt meiner restlichen Selbstachtung bildete dann der Verlust meines Führerscheins im August 2008. Ich war mit den Auto unterwegs, um einzukaufen, entschied mich dann aber noch spontan, in ein nahegelegenes Café auf einen Kaffee einzukehren. Aus dem Kaffee wurde dann ein Glas Wein und dann ein zweites, drittes und viertes, was mich allerdings nicht davon abhielt, in mein Auto zu steigen. Wahrscheinlich wäre

KAPITEL 11

die Heimfahrt „problemlos" verlaufen, ohne dass mir jemand wegen meines Alkoholkonsums auf die Schliche gekommen wäre. Stattdessen kam beim Ausparken die kleine, bedürftige Maria zum Vorschein, die sich so sehr nach Aufmerksamkeit und Fürsorge sehnte.

Beim Ausparken passierte es dann: Ich sah einen herannahenden Krankenwagen und meinte spontan, auf mich aufmerksam machen zu müssen, indem ich diesen mehr oder weniger schnitt. Dies führte natürlich dazu, dass ich anhalten und mich den Fahrern erklären musste. Diese bemerkten schnell, dass ich nicht mehr ganz nüchtern war und somit nahm das Ganze seinen Lauf. Die Polizei traf ein, dann der übliche Alkoholatemtest mit anschließender Blutentnahme auf der Wache. So kam es dann, dass ich mit 1,61 Promille meinen Führerschein verlor und zudem zu einer Kandidatin für die MPU wurde. Es sollte dreieinhalb Jahre dauern, bis ich meinen Führerschein wiedererlangen sollte.

Was macht das mit einem selbst? Zunächst einmal bedeutet es neben dem Verlust eines Teils der Freiheit den Verlust eines großen Teils der Selbstachtung. Zum anderen macht es einen auch zu einem Lügner, denn meinen Kindern erzählte ich dann sehr lange, dass das Auto kaputt sei. Auch alle anderen Bekannten und Verwandten erfuhren nichts von meinem Dilemma, außer meinem Ex-Mann, dem ich mich anvertraute. Von nun an hieß es, sich mit Bus und Bahn zu bewegen, und ich kam mir in diesen Moment irgendwie nicht mehr wie eine normale Bürgerin vor. Ja, den Führerschein zu verlieren und dies noch mit der Auflage, eine MPU machen zu müssen, setzte mir einen richtigen Stempel auf. Den Stempel, dass mit mir etwas wirklich nicht in Ordnung war und ich auch nicht mehr Teil einer ordentlichen Gesellschaft war, zumal mir dann auch klar wurde, wie schwer es laut offiziellen Aussagen sein würde, die MPU zu bestehen. Davon war ich aber zu diesem Zeitpunkt weit entfernt. So stand ich da, ohne Führerschein, ohne Auto und bald schon sollte ich auch ohne Arbeit dastehen.

An dieser Stelle ist es mir ein großes Bedürfnis zu erwähnen, dass ein Suchtproblem oder ein psychisches Problem (am bekanntesten davon wohl die Depression) oftmals große Scham- und Schuldgefühle gegenüber der Gesellschaft nach sich zieht. Ja, es gibt tatsächlich Süchte, die wenig bis gar nicht akzeptiert werden wie z. B. die Alkohol- oder Drogensucht und solche, die in der Gesellschaft eine recht hohe Akzeptanz genießen wie z. B. die Arbeitssucht, Sportsucht oder die Sucht nach ewigem Jungsein und perfektem Aussehen.

KAPITEL 11

Alkohol

Alkohol, du großer Meister,
weckst in mir die Lebensgeister.

Trägst mich sanft aus dieser Welt,
die Gedanken sind erhellt.

Alkohol, du großer Meister,
lähmst in mir die Lebensgeister.
Machst mich krank, trübst mir den Sinn.
Mein Ich siecht immer mehr dahin.

Alkohol, du großer Meister,
löschst in mir die Lebensgeister.
Fast gebrochen ist die Kraft,
und mein Ich dahingerafft.

Alkohol, du kleiner Wicht,
weiche fort! Ich brauch dich nicht!
Ertränke nun die Seelendiebe
mit Fürsorge und Eigenliebe.

Alkohol, du kleiner Wicht,
weiche fort! Ich brauch dich nicht!

KAPITEL 12

Eine wichtige Entscheidung
Der Stellenwechsel

Nachdem ich also ohne Auto und ohne Führerschein dastand, fühlte ich mich mehr denn je weit entfernt davon, eine anständige Lehrerin werden zu können. Lehrerin sein, das bedeutete für mich nicht nur, guten Unterricht zu machen, sondern auch ein Vorbild zu sein. Ein Vorbild? Ich? Bei diesem Gedanken klafften meine beiden Welten, in denen ich mich bewegte, unendlich weit auseinander. So folgte ich meinem ohnehin schon lange bestehenden Impuls, mein Referendariat kurz vor dem Abschluss zu beenden und rutschte daraufhin erst einmal in Hartz IV. Hartz IV! Welch eine weitere, von mir als solche empfundene Schande! Aber ich wusste, dass ich den Weg als Grundschullehrerin nicht mehr gehen wollte und konnte. Eine Entscheidung, die sich langfristig als goldene Entscheidung herausstellen sollte.

So, nun erst einmal Hartz IV, mit allen daraus folgenden Konsequenzen, die da waren: Sich unzulänglich, von der Gesellschaft abgekoppelt zu fühlen, seine Situation zu verstecken, Existenzängste, vor allem die große Angst davor, die Kinder nicht mehr adäquat versorgen zu können, allgemeine Zukunftsängste, die Angst, dass das Studium mit allen damit verbundenen großen Anstrengungen umsonst gewesen sein könnte, und zum Schluss noch immense Scham- und Schuldgefühle.

KAPITEL 12

Und die nächsten vier Monate, in denen ich Hartz IV bezog, sollten bestätigen, dass es nicht selbstverständlich ist, einen vollen Kühlschrank zu haben! Ich überbrückte diese Zeit, die Gott sei Dank nur vier Monate dauerte, mit Verkäufen auf Ebay und geliehenem Geld von einem lieben Bekannten.

Eine Stellenanzeige in der örtlichen Zeitungsausgabe, die ich mir an einem Samstag geleistet hatte, sollte das Blatt dann in Richtung neuer beruflicher Zukunft wenden. So trat ich dann im Frühjahr eine neue Stelle als Lehrerin in einer Bildungseinrichtung für Jugendliche an, eine Entscheidung, die mich bis heute in beruflicher Hinsicht glücklich macht.

Was ich dir an dieser Stelle sagen kann, ist: Wenn du unglücklich in einer Situation bist -sei es deine Partnerschaft oder dein Beruf – verlasse diese Situation! Verharre nicht in ihr, denn du wirst früher oder später physisch und psychisch Schaden nehmen. Gedanken wie „Es wird schon wieder" oder „ Ach, ist doch nicht so schlimm" bewahrheiten sich nicht und lassen dein Leben zu einem ewigen Schwebezustand verkommen, der im besten Falle Stillstand bedeutet, dich zumeist aber im Rückwärtsgang fahren lässt.

KAPITEL 13

Das Maß ist voll

Das erste Jahr bei meinem neuen Arbeitgeber bestätigte mich darin, den richtigen Schritt getan zu haben, was mich aber leider nicht davon abhielt, weiter Alkohol zu konsumieren. Im Gegenteil, es passierte das, was jedem alkoholkranken Menschen irgendwann passiert: Ich steigerte meinen Alkoholkonsum, um die gleiche, von mir gewünschte Wirkung zu erzielen. Diese Steigerung nennt man in der Psychologie Toleranzentwicklung. Damit einhergehend verlagerte sich der erste Konsum immer mehr gen Nachmittag, wobei mir das Nichttrinken auf der Arbeit immer heilig war. Ich habe im Verlauf meiner Krankheit auch nie eine körperliche Abhängigkeit entwickelt, die sich beispielsweise durch morgendliches Zittern äußert. Wichtig ist aber zu wissen, dass der größte Brocken, den man auf dem Weg zu einem alkoholfreien Leben zu bewältigen hat, nicht die physische, sondern die psychische Abhängigkeit ist. Jedenfalls gestalteten sich meine Tage zunehmend nach dem gleichen Muster. Nachdem ich meinen Arbeitstag erfolgreich und natürlich nüchtern gemeistert hatte, ging es mit Zug und Straßenbahn nach Hause. Bevor ich diese allerdings bestieg, hieß es erst einmal, sich im nahe gelegenen Bahnhofssupermarkt mit einem kleinen Fläschchen Wein einzudecken, dessen Inhalt ich dann in eine Thermoskanne abfüllte, damit ich den Wein unbehelligt und unbe-

KAPITEL 13

merkt schon im Zug konsumieren konnte. Bei diesem täglichen Prozedere bemerkte ich durchaus, wie mir ein Schamgefühl in den Körper kroch, sehr wohl wissend, dass mein Verhalten zu diesem Zeitpunkt eine zunehmende Abhängigkeit widerspiegelte.

An manchen Tagen verschwand ich dann noch in den in der Nähe meiner Wohnung gelegenen Wald, bevor es – in der Regel – dann nach Hause ging. Der Wald, in dem ich es mir auf einer Bank oder einem Baumstumpf „gemütlich" machte, bedeutete dann noch einmal eine kleine Auszeit, bevor ich mich meiner Rolle als Mutter stellen musste. Mutter? Meine Mutterrolle konnte ich zu diesem Zeitpunkt schon lange nicht mehr so ausfüllen, wie es meinen Ansprüchen entsprach und meine Kinder es gebraucht hätten. Ja, die Wohnung war immer tipp topp gepflegt; darauf hatte ich stets großen Wert gelegt, denn eine aufgeräumte Wohnung repräsentierte wohl den nötigen Gegenpol zu meiner unaufgeräumten Seele.

So würde ich es aus heutiger Sicht beschreiben. Ich betrat also meine aufgeräumte Wohnung, sorgte dafür, dass meine Kinder etwas zu essen auf dem Tisch hatten, spülte und verschwand dann in mein Zimmer und in mir selbst. Dass ich zu diesem Zeitpunkt nicht mehr für meine Kinder greifbar war und dass sie durchaus bemerkt haben mussten, sich einer angetrunkenen Mutter gegenüber zu sehen, war mir damals nicht wirklich bewusst. Vielleicht war es mir auch egal, denn das Abdriften in meine Welt und mein ständiger Begleiter, der Alkohol, waren

KAPITEL 13

mir einfach wichtiger. Ich würde sagen, dass man irgendwann nicht nur alkohol-, sondern auch selbstsüchtig wird. Ja, man wird ungewollt zum Egoisten! So kam es auch, dass ich dann immer öfter im Wald versackte und mich anschließend in irgendeinem Krankenhaus wiederfand. Man muss sich vorstellen, dass die Kinder dann nicht wussten, wo ich war, denn ich kehrte ja an solchen Tagen nicht von der Arbeit zurück! So kam es dann, wie es kommen musste: Meine Tochter wurde irgendwann auffällig und schwänzte die Schule, ohne dass ich dieses aufgrund meiner Berufstätigkeit bemerkte, zumal meine Tochter all ihre Sorgen und ihr Leid stets für sich behalten hatte. Erst durch einen Anruf der Rektorin wurde ich dessen gewahr und ich realisierte erstmals, was ich meinen Kindern, vor allem meiner Tochter, antat. Was sollte ich tun? Ich hatte eine tolle Arbeit gefunden und wollte diese aufgrund einer neuen Therapie nicht verlieren, wohl wissend, dass eine solche unumgänglich sein würde, wenn ich jemals aus meinem Teufelskreis ausbrechen wollte. So suchte ich mir zunächst Hilfe bei einer Familienberatung, die in Rücksprache mit der Schule hinzugezogen wurde. Diesen Schritt zu tun, war mir nicht leichtgefallen, denn man dringt in dein Allerheiligstes ein: deine Familie! Man entmündigt dich deiner Erziehungsfähigkeit und ein Stück weit auch deiner Rolle als Mutter. Hinzu kam, dass ich mich als alkoholabhängig geltend quasi nackt machen musste und das Prädikat „Alkoholikerin" erhielt. Diesen Stempel empfand ich wie eine allgemeine Charaktereigenschaft, die alle anderen guten

KAPITEL 13

Charaktereigenschaften, die mich ausmachten, quasi überdeckte. Wenn man den Stempel, ein Alkoholiker zu sein, aufgedrückt bekommt, dann gehen bei den Menschen tausend Schubladen auf, in die man hineingesteckt wird und aus denen man nur sehr schwer wieder herausgelassen wird.

Es bedarf einer Menge Mut, sich seiner desaströsen Situation zu stellen und man muss eine eindeutige Entscheidung ohne Wenn und Aber treffen, wenn man ein Leben ohne Alkohol oder andere Süchte führen möchte. Es darf kein Hintertürchen und nicht einmal ein Spalt davon offenbleiben, um seinen Teufelskreis verlassen zu können! Es ist eine Entscheidung für dein Leben, die du einfach treffen musst, auch wenn es erst einmal nur die nackte Entscheidung ist und du auf den ersten Stufen deines suchtfreien Lebens noch sehr wackelig und unbeholfen unterwegs bist. So war es für mich auch hilfreich, nicht die gesamte Treppe hinaufzublicken, die da vor mir liegen würde, sondern mein Sichtfeld auf die einzelnen kleinen Stufen zu beschränken, um das Ganze als bewältigbar zu empfinden. Man denke an den Jogger, der beim Joggen nicht ins Weite blicken, sondern seinen Fokus auf die nächsten zehn vor ihm liegenden Meter legen oder an den Abnehmwilligen, der jedes verlorene Kilo als Gewinn sehen soll.

Ich hatte also eine Entscheidung getroffen, meine letzte Flasche Wein geleert und den letzten Schluck bewusst nicht getrunken. Ich kann sagen, dass mir zu diesem Zeitpunkt erstmals richtig bewusst wurde, was ich anderen Menschen mit meinem egoistischen Verhalten angetan hatte. Meine Suchtwelt hatte sich bis dato so weit von der Realität abgekapselt, dass ich diese gar nicht mehr gesehen hatte. Nun waren mir die Augen aufgegangen und ich spürte erstmals wieder Verantwortung für andere!

Das Bewusstsein für das Leid meiner Tochter bzw. meiner Kinder im Allgemeinen war das entscheidende Signal dafür, dass das Maß nun endgültig voll ist. Für diese Erkenntnis und die damit einhergehende Einsicht, dass ich mich nicht länger in die Rolle des zu bemutternden Kindes begeben konnte, bin ich bis heute unendlich dankbar! Letzteres wurde mir aber erst im Laufe der weiteren Monate und Jahre erst richtig bewusst. Ein weiterer Faktor, der mich in meiner Entscheidung für ein suchtfreies Leben bestärkt hat, möchte ich hier auch nicht unerwähnt lassen: Im Rahmen der dreimonatigen Familientherapie wurde meine Tochter an einen Kinderpsychologen verwiesen, der ihr – so erzählte sie es mir – gesagt hatte, dass ich es sowieso nicht schaffen würde, vom Alkohol loszukommen. Diesem Urteil über mich musste ich den Kampf ansagen und trat im Sommer 2010 meine zweite Langzeittherapie an.

Wieder Zeit, kurz bei dem Lieblingsgedicht meiner Tochter, welches ich im Jahr 2008 verfasst habe, innezuhalten.

KAPITEL 13

Der kleine Zahn
(Kindheitswunden)

Der kleine Zahn mit starkem Schmelz geboren
verändert sich mit jedem Biss

Schlecht ernährt und arm gepflegt
durchsetzt ihn schnell so mancher Riss

Sein Innres fault, kann sich nicht wehren,
nach außen scheint er unversehrt

Doch insgeheim durchsetzt ihn gänzlich
der einst gepflanzte böse Herd

Von Zeit zu Zeit bricht er die Stille
und trägt nach außen alle Pein

Und pocht und pocht und schreit danach,
doch endlich wieder heil zu sein

Doch dieser Schmerz wird nur erstickt
durch Bohren und mit Porzellan

Der Zahn scheint heil,
doch innen leidet weiter still
der kleine, tief verletzte Zahn

KAPITEL 14

Meine zweite Langzeittherapie

Das Schwierigste auf dem Weg zu meiner Entscheidung für eine erneute Therapie war, dass ich erst ein Jahr zuvor meine neue, zunächst unbefristete Stelle angetreten hatte. Durch eine dreimonatige Therapie riskierte ich also, nicht entfristet zu werden und somit den geliebten Job zu verlieren. Die Entscheidung hierzu glich geradezu einem Drahtseilakt, zumal ich mit dem Grund für meinen Arbeitsausfall nicht offen umgehen konnte und wollte. Welcher Arbeitgeber würde es wohl riskieren, einem noch nicht lange beschäftigten Arbeitnehmer mit einem Suchtproblem zu vertrauen, und wie hätte ich dagestanden, wenn ich meine Maske hätte fallen lassen? So entschied ich mich dazu, die Bewilligung der Therapie durch die Rentenversicherung erst einmal abzuwarten. Der Bewilligungsbescheid ging ausgerechnet genau an meinem ersten Urlaubstag ein und ich sollte die Therapie gleich eine Woche darauf antreten. So „verschwand" ich praktisch mitten im Urlaub in die Therapie, ohne dass mein Arbeitgeber und die Kolleg*innen hiervon etwas ahnten. Somit wurden sie praktisch erst an meinem ersten Arbeitstag nach dem Urlaub über meine „Auszeit" informiert. Mein Gewissen war mehr als strapaziert, aber ich wusste, ich hatte keine andere Wahl, wenn ich mein Suchtproblem und mein weiteres Leben in den Griff bekommen wollte.

KAPITEL 14

Ich kann an dieser Stelle sagen, dass dies wohl die bisher schwierigste Entscheidung meines Lebens war. Aber es sollte sich am Ende lohnen.

Die Klinik, in der ich meine Therapie durchlief, war dieses Mal eine gemischte Klinik, d. h., es wurden sowohl Männer als auch Frauen dort behandelt. Auch war die Klinik größer und zugleich weniger familiär, was für mich sicherlich einen positiven Effekt hatte, da ich dort – im Gegensatz zur ersten Klinik - weniger im Mittelpunkt stehen konnte und somit meinem zentralen Trinkmotiv, dem Wunsch nach Aufmerksamkeit und Umsorgung, weniger Rechnung getragen werden konnte.

Das, was zudem einen wesentlichen Unterschied zu meiner ersten Therapie ausmachte, waren meine Motive, diese anzutreten: Zum einen war da die definitive Entscheidung, mich ohne Wenn und Aber, und zwar aus meiner eigenen Motivation heraus, für ein abstinentes Leben zu entscheiden. Zum anderen hatte sich der Leidensdruck so stark erhöht, dass ein weiterer Alkoholkonsum sowohl mich als auch meine Familie vernichtet hätte. Auch dieses Mal möchte ich dir keine detaillierte Beschreibung meines Therapieverlaufs geben, sondern die von mir gewonnenen zentralen Erkenntnisse beschreiben. Einen bedeutenden Punkt stellt dabei das Modell des inneren Kindes dar, auf das ich im nächsten Kapitel näher eingehen werde. Wie schon beschrieben, war die Klinik weniger familiär, sodass der eigenen Person insgesamt auch weniger Aufmerksamkeit zuteil werden konnte. Dies mag sich für dich im ersten Moment vielleicht eher negativ anhören, aber für

---

mich - und ich denke auch für viele andere Patient*innen – kann dies viele Vorteile bzw. sogar eine zentrale Bedeutung haben. Das Stichwort hierzu ist Eigenverantwortung bzw. Selbstfürsorge. Und da es in vielen Fällen genau um das Erlernen dieser Selbstfürsorge geht, kann eine Klinik oder eine Therapie im Allgemeinen auch nur den Rahmen für eine seelische Genesung bilden und zur ersten Stabilisierung der Abstinenz in einem geschützten Rahmen beitragen. Die eigentliche Heilung muss also aus dir selbst heraus stattfinden und ist ein langer Lernprozess, der sich weit in die Zeit nach einem Klinikaufenthalt fortsetzt. Vielleicht erklärt dies auch die Tatsache, dass viele Patient*innen schnell wieder in alte Verhaltensmuster zurückfallen, wenn sie wieder zu Hause sind und den geschützten Rahmen einer Klinik verlassen haben. Ich war nicht auf mich ganz alleine gestellt, denn ich habe im Anschluss an meine Therapie vier Jahre lang eine Gruppe besucht, die mir unter Anleitung einer sehr kompetenten Psychologin aus der Suchtambulanz eines Krankenhauses sehr wichtige weitere Erkenntnisse ermöglicht hat. Hier habe ich zum ersten Mal von der Arbeit mit dem *Inneren Kind* gehört. Ich kann nur dazu raten, auch nach einer Therapie weiterhin an sich zu arbeiten und sich – in welcher Form auch immer – mit anderen Betroffenen auszutauschen.

Gerne möchte ich dir im nächsten Kapitel den Begriff *Inneres Kind* etwas näherbringen. Vielleicht kannst auch du davon profitieren.

KAPITEL 15

Das Modell der Transaktionsanalyse
Die verschiedenen Ich-Zustände

Der im vorherigen Kapitel genannte Begriff *Selbst-fürsorge* lässt sich sehr gut anhand des Begriffes *Inneres Kind* verdeutlichen. Dazu musst du wissen, dass das innere Kind nicht als reales Kind in dir lebt. Vielmehr geht dieser Begriff auf ein therapeutisches Konzept der Persönlichkeit zurück, das in Deutschland in den 1990er Jahren durch die Bücher des amerikanischen Psychologen John Bradshaw *Das Kind in uns. Wie finde ich zu mir selbst* sowie der beiden amerikanischen Psychotherapeutinnen Erika Chopich und Margaret Paul *Aussöhnung mit dem inneren Kind* populär wurde.

Vorreiter dieses Konzeptes, das die verschiedenen Persönlichkeitsanteile in uns beschreibt, sind zum einen das Persönlichkeitsmodell nach Sigmund Freud, der der menschlichen Psyche drei Instanzen zuschrieb: Das triebgesteuerte *Es,* das moralische *Über-Ich* und das vernünftige *Ich* und zum anderen das Konzept der Transaktionsanalyse, welche von dem Psychiater Eric Berne entwickelt wurde.

Da der Begriff *Inneres Kind* sich sehr gut anhand der Transaktionsanalyse erläutern lässt, möchte ich dir zunächst dieses Konzept in Grundzügen kurz vorstellen. Eric Berne unterteilt die Persönlichkeit des Menschen – so wie Sigmund Freund – in drei verschiedene Anteile.

KAPITEL 15

Diese bestehen aus drei *Ich- Zuständen*: dem *Eltern-Ich,* dem *Erwachsenen-Ich* und dem *Kind-Ich.* Wichtig zu wissen ist, dass in jedem von uns diese Ich-Zustände koexistieren, wobei sie individuell verschieden stark ausgeprägt sind.

Was aber genau repräsentieren diese Ich-Zustände und wie wirken diese sich später auf unser Fühlen und Handeln aus? Dies möchte ich dir hier etwas näher bringen.

Das Eltern-Ich

Jeder Mensch wird durch das Verhalten seiner Eltern oder anderer Bezugspersonen geprägt. Diesen ersten Bezugspersonen werden grob zwei Erziehungsstile zugeordnet: Entweder ist der Erziehungsstil eher kritisch/streng oder eher fürsorglich/wohlwollend. Somit unterteilt Eric Berne das Eltern-Ich auch in ein *kritisches* und ein *fürsorgliches* Eltern-Ich.

Das kritische Eltern-Ich

Dem kritischen Eltern-Ich werden Verhaltensweisen wie Tadeln, Befehlen, Strukturieren, Fordern, Moralisieren, Konfrontieren, Beurteilen, Abwerten und Tyrannisieren zugeschrieben. Passende Sätze, die du wahrscheinlich aus deiner Kindheit kennst, sind: „Das wirst du nie schaffen!" oder „Wie oft habe ich dir schon gesagt, dass...!" oder „Wenn du so weiter machst, dann....."

KAPITEL 15

Das fürsorgliche Eltern-Ich

Das fürsorgliche Eltern-Ich zeichnet sich durch Verhaltensweisen wie Loben, Unterstützen, Trösten, Ermutigen, Helfen, Umsorgen und Beraten aus. Passende Sätze aus der Kindheit könnten sein: „Du schaffst das schon!", „Ich unterstütze dich." oder „Das hast du gut gemacht!".
Anmerkung: Sowohl für das kritische als auch das fürsorgliche Eltern-Ich gilt, dass sie natürlich – in moderater Ausprägung - auch gute Seiten haben können. Z. B. können Strenge oder Kritik, wenn sie in angemessener Form eingesetzt werden, auch Orientierung und Halt in der Erziehung geben.
Anders herum kann zu viel Unterstützung und Fürsorge durch die Eltern die Eigenständigkeit eines Kindes untergraben. Man denke an die sogenannten Helikopter-Eltern.

Das Kind-Ich

Das Kind-Ich repräsentiert nun die Gefühle und Verhaltensweisen, mit denen wir auf das Verhalten unserer Eltern reagieren können. Nach Eric Berne unterteilt sich das Kind-Ich in das *angepasste* Kind-Ich, das *trotzige* Kind-Ich und das *freie* Kind-Ich.

Das angepasste Kind-Ich

Das angepasste Kind-Ich in dir reagiert mit Verhaltensweisen und Gefühlen wie Angst, Weinen, Gehorsam, Anpassung, Unterordnung, Nachgiebigkeit oder mit dem Wunsch nach Anerkennung.

KAPITEL 15

Passende Sätze, die das Kind zu sich selbst sagen könnte, wären: „Ich schaffe das nicht!" „Das ist mir zu viel!" „Ich muss stark sein!" „Ich kann machen, was ich will, es bringt nichts!" „Ich darf meine Gefühle nicht zeigen!" oder „Ich muss mich noch mehr anstrengen!"

Das trotzige Kind-Ich

Das trotzige Kind in dir zeichnet sich durch Gefühle und Verhaltensweisen wie Wut, Widerstand, Ausrasten, Trotz, Impulsivität, Gewalt, Sturheit oder Neid aus. Passende Sätze hierzu wären bspw. „Ich will aber!" „Ich mach, was ich will!" „Du hast mir gar nichts zu sagen!" oder „Jetzt erst recht!"

Das freie Kind-Ich

Das freie Kind-Ich lässt sich am ehesten mit den Begriffen *Unbeschwertheit* und *Lebendigkeit* beschreiben. Typische Verhaltensweisen sind Fantasie, Neugier, Unbekümmertheit, Spontaneität. Passende Sätze hierzu könnten sein „Das macht mir Spaß." „Jetzt habe ich gerade Lust, zu...." „Guck mal, wie toll ich das kann!" oder „Gleich geht's los!"
Im Hinblick auf die kindliche Entwicklung in den ersten Lebensjahren ist es sehr wichtig, zu wissen, dass Kinder noch nicht in der Lage sind, Verhaltensweisen der Eltern oder anderer wichtiger Bezugspersonen zu analysieren oder zu hinterfragen, da sie vornehmlich auf der Gefühlsebene reagieren.

KAPITEL 15

Als Konsequenz speichern sie Bewertungen oder Urteile ihrer wichtigsten Bezugspersonen als sogenannte *Glaubenssätze* ab, die auf der unbewussten Ebene bis ins Erwachsenenalter fortbestehen. Dies kann im Erwachsenenalter in manchen Situationen zu einem unpassenden Verhalten führen, das aus dem unbewussten Kind-Ich (angepasst/trotzig/frei) kommt. An dieser Stelle kommt der dritte Ich-Zustand ins Spiel: das Erwachsenen-Ich.

Das Erwachsenen-Ich

Das Erwachsenen-Ich repräsentiert den vernünftigen Persönlichkeitsanteil in uns, der auf der Sachebene reagiert. Verhaltensweisen oder Eigenschaften, die dem Erwachsenen-Ich entsprechen, sind Vernunft, sachliches Analysieren und Argumentieren, objektives Urteilen, Abwägen und Entscheiden.
Passende Sätze könnten sein: „Ich schaue mir das erst einmal in Ruhe an." oder „Meiner Ansicht nach..." oder „Wie genau meinen Sie das?"
Das Erwachsenen-Ich repräsentiert also eine Instanz in uns, die Impulse, die aus dem Kind-Ich kommen, auf der Vernunftebene analysieren und steuern kann. Ein Begriff, der in diesem Zusammenhang in der Psychologie verwendet wird, ist die sogenannte *Innere Achtsamkeit*, was bedeutet, dass man innehält und auf der physischen oder psychischen Ebene in sich hineinhorcht, um aufkommende Gefühle oder körperliche Reaktionen besser wahrzunehmen.

KAPITEL 15

Ein praktisches Beispiel zum Konzept der Transaktionsanalyse

Um das Modell der Transaktionsanalyse an einem Beispiel zu verdeutlichen, kannst du dir folgende Situation, die du vielleicht auch aus deiner Kindheit kennst, vorstellen:

Mathe war nie dein stärkstes Fach in der Schule und du hattest dich in der Schule dieses Mal besonders angestrengt, um eine gute Note zu schreiben. Als du recht stolz mit einer Drei nach Hause kommst, kommentieren deine Eltern dies mit den Worten: „ Dafür, dass wir so viel geübt hatten, hätte ich aber schon eine Zwei erwartet. Fürs Gymnasium wird's dann wohl eher nicht reichen!" (Kritisches Eltern-Ich)

Wie fühlt sich das für dich an? Welche Gefühle entstehen in diesem Moment in dir? Wahrscheinlich wirst du dich unzulänglich und wertlos fühlen und vielleicht wirst du dich jetzt noch mehr anstrengen wollen, um dich irgendwie wertvoll und liebenswert zu fühlen. Du bist traurig und sitzt da mit gesenktem Kopf, unterdrückst deine eigentliche Wut, die du auf dich selbst und auf deine Eltern hast. Dieses Verhalten würde dem angepassten Kind-Ich entsprechen.

Vielleicht reagierst du aber auch ganz anders und haust mit der Faust auf den Tisch und lässt deine Wut später an einem anderen Kind oder – im schlimmsten Fall – auch an dir selber aus. Dies würde einer Reaktion aus deinem trotzigen Kind-Ich entsprechen.

KAPITEL 15

Für beide Situationen gilt, dass dir als Kind die Strategien aus dem Erwachsenen-Ich fehlen. Könntest du aus dem Erwachsenen-Ich reagieren, dann würdest du das Verhalten deiner Eltern reflektieren können, d. h., du könntest es in Frage stellen und somit zu dem Schluss kommen, dass dein Wert nicht von guten Noten oder dem Urteil anderer abhängt. Als Kind aber übernimmt man die Urteile der Erwachsenen unreflektiert und speichert sie auf seiner Lebens-CD ab. In unserem Fall entsteht somit in einem selbst ein ständiger innerer Kritiker, der das strenge Eltern-Ich repräsentiert. Das in der Kindheit erlernte Verhalten wird später in das Leben als Erwachsener übernommen und vollzieht sich dort unbewusst in Situationen, die Situationen aus der Kindheit ähneln und als Trigger wirken.

Um das noch ein wenig verständlicher zu machen, übertragen wir diese Situation jetzt einmal in dein Erwachsenenleben: Du bist inzwischen 30 Jahre alt und berufstätig. Dein Chef hat dir ein Projekt übertragen und heute ist der Tag, an dem du die Ergebnisse präsentieren sollst. Du hast dich gründlich und gewissenhaft auf die Präsentation vorbereitet und bist innerlich sehr aufgeregt und nervös. Du hast große Angst zu versagen, denn unbewusst wirken immer noch die negativen Urteile deiner Eltern in dir. Dein innerer Kritiker (dein strenges Eltern-Ich) gibt keine Ruhe und dein Selbstbewusstsein ist auf dem Null-Punkt angelangt.

KAPITEL 15

Die Präsentation gelingt dir trotzdem ganz gut und bis auf ein paar unsichere Momente könntest du eigentlich ganz zufrieden mit dir sein. Dein Chef bittet dich später in sein Büro und macht dir ein paar (an sich gut gemeinte) Verbesserungsvorschläge zu deinem Projekt. Welche Möglichkeiten hättest du nun, darauf zu reagieren? Überlege an dieser Stelle kurz, bevor du weiterliest.

Die erste Möglichkeit wäre, dass du dich schlecht und unzulänglich fühlst und die Verbesserungsvorschläge als Kritik an deiner Person wertest. Du hörst aus seinen Worten Folgendes heraus: „Ihr Projekt hatte viele Mängel und ich bin nicht zufrieden damit! Sie müssen sich besser vorbereiten und mehr anstrengen!" In dieser Situation meldet sich dein verletztes, angepasstes Kind, das sich schon damals unzulänglich fühlte und sich noch mehr anstrengen muss.

Die zweite Möglichkeit wäre, dass du wütend reagierst und wortlos und mit knallender Tür aus dem Büro rennst. Hier meldet sich dein trotziges Kind, das damals auf den Tisch gehauen und seine Wut vielleicht später an anderen Kindern oder gar an sich selbst ausgelassen hatte. Beide Reaktionen führen aber zu keinem befriedigenden Umgang mit der Situation, weil sie aus der emotionalen, unbewussten Ebene des Kind-Ichs kommen.

Ein gelungener Umgang mit der Situation ist nur auf der Ebene des Erwachsenen-Ichs möglich. Diese Ebene steht uns als Kindern noch nicht zur Verfügung, sodass wir sie im Laufe unseres Lebens erst durch bewusstes Reflektieren von Situationen in uns integrieren müssen. Es ist also ein ständiger Lernprozess, Situationen wie die obige von außen betrachten zu können. Kommen wir also hier zu der dritten Möglichkeit mit der genannten Situation umzugehen:

Nachdem der Chef dich in sein Büro gebeten und dir Verbesserungsvorschläge unterbreitet hat, betrachtest du diese auf der Sachebene und hörst sie dir (mit Hilfe deines Erwachsenen-Ichs) an, ohne sie als Abwertung deiner Person zu betrachten. Du gehst die Vorschläge mit deinem Chef in Ruhe durch und kannst und sollst dabei natürlich auch deine Sichtweise vertreten. Es gilt also zu lernen, Dinge erst einmal auf der Sachebene zu prüfen bzw. zu betrachten, um alte Emotionen und erlernte Musterverhaltensweisen aus der Kindheit in eine konstruktive Richtung zu lenken.

Was hat dies alles nun aber mit Suchtverhalten zu tun? Sucht entsteht sehr häufig aus nicht erfüllten, frustrierten Bedürfnissen, sonst bräuchte man das Suchtmittel ja nicht. Solche Bedürfnisse können z. B. das Bedürfnis nach Liebe, Bindung oder das Bedürfnis nach Anerkennung sein, um einmal drei der wichtigsten Bedürfnisse zu nennen.

Wenn ich nun z. B. das Bedürfnis nach Anerkennung habe, diese Anerkennung aber nicht bekomme, verschiebe ich mein Bedürfnis möglicherweise auf eine andere Ebene. Dies kann sich dann entweder in Suchtverhalten wie Alkoholmissbrauch, Drogenmissbrauch, Medikamenten-, Sport-, Spiel-, Kauf- oder Arbeitssucht oder aber auch durch aggressives, gewalttätiges Verhalten äußern.

KAPITEL 15

Allen Kompensationsarten ist gemein, dass sie sämtlich deine innere Leere, die du vielleicht schon als Kind spürtest, füllen sollen, weil du keine anderen, gesunden Bewältigungsstrategien erlernt hast. Um dieser Spirale zu entkommen, gilt es, dir auf der Ebene und mit Hilfe deines Erwachsenen-Ichs selbst eine gute Mutter oder ein guter Vater zu sein, dich also praktisch selbst an die Hand zu nehmen und die alten, in dir wirkenden Muster und Glaubensätze zu erkennen und in positive Glaubenssätze umzuwandeln.

KAPITEL 16

Das Modell des Inneren Kindes
Ein grober Überblick

Das Modell des Inneren Kindes lehnt sich zwar – wie eingangs beschrieben – an das Konzept der Transaktionsanalyse an, es spielen aber in den entsprechenden Büchern, u. a. von John Bradshaw, Erika Chopich und Margaret Paul, nur zwei Instanzen eine Rolle, und zwar das sogenannte innere Kind und der innere Erwachsene. In ihrem Buch *Aussöhnung mit dem inneren Kind* beschreiben Erika Chopich und Margaret Paul das innere Kind und den inneren Erwachsenen wie folgt:

Grundsätzlich hat jeder von uns zwei Persönlichkeitsaspekte in sich angelegt, und zwar ein inneres Kind und einen inneren Erwachsenen. Der wesentliche Unterschied zwischen innerem Kind und innerem Erwachsenen ist, dass das innere Kind nicht handlungs-, sondern erlebnis- bzw. gefühlsgesteuert ist. Somit repräsentiert das innere Kind in uns den Persönlichkeitsaspekt, der die Welt im Zustand des Seins, Fühlens und Erlebens über die rechte Gehirnhälfte wahrnimmt. Dabei erlebt das innere Kind das gesamte Spektrum an Gefühlen wie Freude, Lust, Lebendigkeit, Kreativität, Spontaneität, aber auch Gefühle wie Traurigkeit Schmerz, Angst und Verlassenheit.

Beim inneren Erwachsenen in uns hingegen steht das Denken und Handeln, das von der linken Gehirnhälfte dominiert wird, im Vordergrund, wobei dem Erwachsenen zusätzlich das gesamte Spektrum an Gefühlen zur Verfügung steht.

In unserer Kindheit werden wir also von der rechten Gehirnhälfte dominiert und speichern Erfahrungen und Erlebnisse auf der Gefühlsebene ab. Wachsen wir nun in unserer Kindheit beispielsweise in einem sehr lieblosen, strengen oder gar gleichgültigen Elternhaus auf, entstehen Gefühle wie Angst, Scham, Wut, Traurigkeit oder Einsamkeit in uns, die wir zwar als solche abspeichern, sie aber gleichzeitig abspalten. In der Kindheit, in der uns das logisch/handelnde Denken des Erwachsenen noch nicht oder nur sehr rudimentär zu Verfügung steht, ist das Abspalten solcher Gefühle als Bewältigungsstrategie noch überlebenswichtig für uns. Diese Abspaltung dient somit praktisch als Schutzmechanismus der Psyche. Das Problem ist jedoch, dass diese ins Unbewusste verschobenen Gefühle von unserem Bewusstsein abgekoppelt sind, aber dennoch das Handeln und Fühlen als Erwachsene steuern.

Wichtig zu wissen ist, dass wir als Kind Urteile oder Bewertungen durch unsere Bezugspersonen als sogenannte Introjekte in uns abspeichern. Was ist ein Introjekt aus psychologischer Sicht? Dazu schauen wir uns zunächst den Begriff *Introjektion* an. Introjektion bedeutet, dass man fremde Anschauungen, Motive oder Verhaltensweisen unreflektiert ins eigene Ich aufnimmt und dort als Introjekt integriert. Dies möchte ich dir an einem konkreten Beispiel erklären: Du bist bei sehr lieblosen Eltern aufgewachsen und siehst dich dementsprechend lieblosen Äußerungen wie : "Du bist dumm, du wirst das nie schaffen!" oder „Du nervst mich!" gegenüber. Da dir als Kind die Möglichkeit fehlt, diese Äußerungen über dich zu hinterfragen, übernimmst du diese praktisch als deine Ich-Identität und speicherst sie als Introjekte ab. Aus dem Satz: „Du bist dumm, du wirst das nie schaffen!" wird der Satz „Ich bin dumm, ich werde das nie schaffen!" und aus dem Satz: „Du nervst." wird der Satz: „Ich nerve!" Du übernimmst also die Überzeugung der anderen, wie du bist, als deine eigene Überzeugung über dein Wesen. Es entstehen die sogenannten Glaubenssätze, als das, was wir glauben zu sein oder was wir glauben machen zu müssen, um etwas zu erreichen.

An dieser Stelle kommt nun der innere Erwachsene ins Spiel: Erika Chopich und Margaret Paul reden in ihrem Buch von einem *lieblosen* und einem *liebevollen* Erwachsenen.

Der lieblose Erwachsene möchte das innere, verletzte Kind in dir *schützen*, während der liebevolle Erwachsene von dem inneren Kind *lernen* möchte. Obwohl der Begriff „Schützen" in unserem Denken positiv besetzt ist, wird er dem lieblosen Erwachsenen zugeordnet. Warum ist das so? Der lieblose Erwachsene möchte unser inneres Kind zwar vor seinen negativen Gefühlen aus der Kindheit schützen, verhindert dadurch aber, dass uns diese Gefühle bewusst werden. Er verhindert also den Kontakt zu unserem inneren Kind und somit auch, dass wir die wirklichen Motive für unsere Handlungen als Erwachsene erkennen. Hierzu möchte ich ein Beispiel aus meiner eigenen Geschichte anführen: Du erinnerst dich, dass ich als Kind immer geputzt hatte, um die Liebe und Anerkennung von meiner Mutter zu bekommen. Damit wollte ich meine Gefühle von Wertlosigkeit und Verlassenheit kompensieren bzw. bewältigen. Meine Glaubenssätze, die ich verinnerlicht hatte, waren: „Ich bin wertlos!" und „Wenn ich putze, werde ich geliebt!"

Vereinfacht ausgedrückt könnte man den Satz auch so formulieren: „Ich werde geliebt, wenn ich putze und für andere sorge!" Dieser Glaubenssatz hat sich durch mein ganzes Leben gezogen, indem ich noch bis zum Tode meiner Mutter für sie geputzt hatte oder indem ich meinem Mann alles nachgetragen hatte. Auch für meine Kinder habe ich die Wohnung geputzt, obwohl sie schon lange ausgezogen waren. Das hat mich sehr viel Kraft gekostet und war geradezu ein Zwang, weil ich lange nicht in der Lage war, zu erkennen, dass das Putzen nur deswegen geschah, weil ich schreckliche Angst hatte, die Liebe meiner Kinder zu verlieren, wenn ich es unterlassen würde. Somit hat mich mein liebloser Erwachsener eigentlich nicht beschützt, er hat mir weisgemacht, dass ich Liebe ohne Putzen nicht verdiene. Solange dich also dein Erwachsener vor deinen eigentlichen Gefühlen schützen will, schützt er dich in Wahrheit nicht. Er hilft nur dabei, dich weiterhin selbst aufzugeben und deine eigenen Bedürfnisse zu ignorieren. Wenn der lieblose Erwachsene mit deinem inneren Kind spricht, entwickelt sich daraus dein sogenanntes Ego. Dieses Ego entspricht aber nicht deinem eigentlichen Ich, sondern repräsentiert eine Rolle, die du spielst, um deinen eigentlichen, unerfüllten Bedürfnisse zu kompensieren.

KAPITEL 16

Ein Beispiel hierzu wäre: Stell dir vor, dass dein Bedürfnis nach Anerkennung als Kind nicht erfüllt
wurde. Stattdessen wurdest du getadelt oder deine
Bemühungen wurden von deinen Eltern gar nicht
wahrgenommen. Um mit diesem Schmerz umgehen
zu können, übernimmst du Überzeugungen und Urteile deiner Eltern wie „Du kannst nichts" unreflektiert als deine eigenen. Du spaltest deinen Schmerz
also ab, indem du nun selbst davon überzeugt bist,
dass deine Eltern recht haben. Als Folge davon tust
du alles, um keine Fehler zu machen, und wirst als
Erwachsener vielleicht zum Perfektionisten, der sich
und ggfs. auch anderen keine Fehler zugesteht. Es
kann auch sein, dass du zum erfolgreichen Work-
aholic wirst, der sich selbst nur noch über die Bestätigung seiner Leistungen durch andere definiert.
Diese Rollen, die du spielst, sind deine Egos, die die
eigentlichen Bedürfnisse und deine Verletzlichkeit
hinter einer Maske versteckt halten.
Aber nun wenden wir uns dem liebevollen Erwachsenen in dir zu. Greifen wir dazu noch einmal mein
eigenes Beispiel mit meinen Putzgefälligkeiten auf.
Wie hätte sich in dieser Situation nun dein liebevoller Erwachsene, der mit dem inneren Kind lernen
möchte, verhalten? Der liebevolle Erwachsene hätte
das Kind in mir gefragt, wie es ihm geht. Er hätte z.
B. gefragt, ob das Putzen mir eigentlich Spaß macht,
oder er hätte gefragt, warum genau ich putze oder
was passieren würde, wenn ich es lassen würde etc.
Der liebevolle Erwachsene hätte mich also mir
selbst, meinem inneren Kind mit all seinen wirklichen Bedürfnissen nähergebracht, indem er mit mir

KAPITEL 16

und von mir lernen wollte.

Dieses Beispiel könnte ich jetzt noch auf viele andere Beispiele aus meinem Leben übertragen und sicherlich wirst du während des Lesens auch schon ein passendes Beispiel aus deiner eigenen Geschichte gefunden haben. Eigentlich ist vieles von dem, was wir nur tun, um etwas dafür zu bekommen, genau das, was wir uns näher ansehen sollten, um in Kontakt mit unserem verletzten inneren Kind zu kommen. All das jedoch, was wir mit Freude und Leichtigkeit machen, auch wenn es manchmal anstrengend sein mag, ist das, was aus unserem lebendigen, freien Kind-Ich kommt. Dieses lebendige innere Kind in dir zu kultivieren ist ein Geschenk, das sich in Form von wahrer Lebensfreude und Glücksempfinden zeigt. Ohne die Liebe zu dir selbst, wirst du also immer von der Bestätigung anderer abhängig bleiben. Diese Tatsache drückt sich sehr schön in folgendem Satz aus dem Buch *Aussöhnung mit deinem inneren Kind* aus: „Erst wenn wir uns selbst lieben, werden sich unsere Herzen füllen und unsere Liebe wird auch zu unseren Mitmenschen rüber fließen."

Mit diesem Zitat möchte ich meinen kurzen Einblick in das Modell des inneren Kindes schließen und zu der wichtigsten Erkenntnis kommen, die ich für mich persönlich nach meiner zweiten Therapie als erstes und wichtigstes Lernziel gewonnen hatte: Nur, wenn ich als erste Voraussetzung für alle anderen noch zu bearbeitenden Lebensthemen lernen würde, mir selbst eine liebevolle Erwachsene zu sein, würde ich es schaffen können, von meinem

KAPITEL 16

Wunsch nach Fürsorge durch andere ablassen können. Denn manchen Menschen passiert es, dass sie die als Kind so schmerzlich vermisste Fürsorge auch noch als Erwachsene mit aller „Gewalt" von anderen einfordern. Das Fatale ist, dass dies oft unbewusst aus unserem verletzten inneren Kind geschieht, ohne dass wir seine Stimme hören, sodass wir unsere eigentliche Aufgabe, selbst Verantwortung für uns zu übernehmen, nicht erfüllen können. Angaben zu vertiefender Literatur finden sich im Inhaltsverzeichnis meines Buches. Ich möchte nun dieses Kapitel mit einem Gedicht schließen, das ich während meiner Therapiezeit geschrieben und meinen Mitpatient*innen vorgetragen hatte.

KAPITEL 16

Weihnachtsträume

Weihnacht lässt uns schmerzlich spüren,
dass wir auf der Suche sind.
Öffnet längst verschlossne Türen,
weckt erneut in uns das Kind.
Plätzchen, Kerzen, schöne Düfte
füllten einst dein Kinderherz.
Trugen Freude in die Lüfte
und vertrieben manchen Schmerz.

Heute sitzt du hier mit Sorgen
vor dem schmucken Weihnachtsbaum.
Deine Wünsche tief verborgen
und verblasst der Kindertraum.
Deine Seele schreit nach Liebe,
Wärme und Geborgenheit.
Ach, wie hättest du sie gerne
wieder diese schöne Zeit.

Schließe nun ganz sanft die Lider,
reich deinem Kind in dir die Hand.
Bring DU ihm seine Träume wieder,
führ es zurück ins Weihnachtsland.
Deck den Tisch für eure Seelen,
stell deine Gaben dort bereit.
Deine Freunde lass nicht fehlen.

NUN
ist wieder Weihnachtszeit.

KAPITEL 17

Status Quo
Wie es mir heute geht

Als erstes kann ich sagen, dass man keine Wunder erwarten darf, denn die Entscheidung zur Abstinenz ist nur der erste und wichtigste Schritt auf dem Weg zu der Möglichkeit einer persönlichen Weiterentwicklung. Im Hinblick auf meine eigene Biografie bin ich mir bewusst, dass ein Teil von mir immer verletzt bleiben wird und manche Dinge vielleicht nur schwer oder gar nicht erreichbar sein werden. Trotzdem möchte dir hier abschließend die vielen positiven Dinge nennen, die mein Leben – alleine aufgrund meiner Abstinenz – wieder lebenswert machen. Die wichtigsten sind: Freiheit, Unabhängigkeit, Selbstachtung, Zufriedenheit, die Möglichkeit der Weiterentwicklung, Ansprechbarkeit, Optimismus, Lebensfreude, Gesundheit, Authentizität, Ausleben meiner Kreativität, Austausch und das Bewusstsein, selbstfürsorglich zu handeln. Alleine die Tatsache, dass ich große Freude am Schreiben dieses Buches empfinde, erfüllt mich sehr, denn meine Kreativität lag während meiner Trinkzeit weitestgehend brach.

Wenn ich zu Anfang dieses Kapitels davon gesprochen habe, dass manche Dinge für mich möglicherweise nur schwer oder gar nicht erreichbar sein werden, so meine ich damit vor allem die Fähigkeit, ein Urvertrauen bzw. eine „störungsfreie" Bindungsfähigkeit zu erreichen.

KAPITEL 17

Bis heute – und dies seit der Trennung von meinem Mann – fehlt ein Partner an meiner Seite und ich muss gestehen, dass ich meine Zeit zumeist mit mir alleine verbringe. Was ich mir wünsche, ist, meine Zufriedenheit in Glück zu verwandeln, wobei ich Glück für mich selbst als das Gefühl einer tiefen Verbundenheit zu einem Menschen definiere. Diese erfahren zu können, bedingt den Mut, das Wagnis einzugehen, sich auf einen anderen Menschen vertrauensvoll einzulassen.

Mit diesen Worten und einem letzten Gedicht schließe ich nun das vorletzte Kapitel meines Buches.

KAPITEL 17

Bindungsangst

Ein Schmetterling flog durch die Lüfte
inmitten schönster Blütendüfte.

Auf einer ließ er sich dann nieder,
vernahm die schönsten Liebeslieder.

Der Nektar schmeckte süß und rein,
dies musste wahre Liebe sein.

Doch Liebe wollte er nicht haben,
wollt kurz nur bleiben und sich laben.

Die Flügel trugen ihn geschwind
ganz schnell hinaus durch frischen Wind.

Hier fliegt er nun erneut umher,
sieht unter sich das Blütenmeer.

Auf manche Blüte wird's ihn treiben,
doch keine will besonders bleiben.

Schlusswort

Als Abschluss meines Buches blicke ich noch einmal auf meine einleitenden Worte zurück und versuche, sie in einen gesamtgesellschaftlichen Zusammenhang zu setzen.

Wir alle möchten in der Tiefe unseres Herzens um unserer selbst willen geliebt, gesehen und geachtet werden und wir alle machen in unserem Leben Erfahrungen, die uns unsere wahre Bedürftigkeit zuweilen verstecken lassen. Die Familie als erster Ort solcher Erfahrungen und Begegnungen sollte ein Ort der Sicherheit, der Geborgenheit, der Liebe und der Wertschätzung sein, damit wir uns als Individuum frei und mit einer guten Portion Vertrauen in uns selbst und in andere entwickeln können. Leider entsprechen nur die wenigsten Familien diesem Ideal.

Früher war es die schwarze Pädagogik mit ihrem rigiden und autoritären Erziehungsstil, die uns als Kinder zu willenlosen und gefügigen Marionetten machen sollte. Gefühle und Bedürfnisse wichen Regeln und starren Normen, die das freie und lebendige Kind in uns im Keim erstickten. Auf der anderen Seite gab es jedoch auch positive Aspekte. Unser Aktivitätsradius war relativ begrenzt, sodass Kommunikation oder gemeinsame Aktivitäten fast immer auf persönlicher Ebene und im direkten Austausch stattfanden. In Ermangelung moderner Kommunikationsmittel wie Handy, Internet oder Socialmedia-Plattformen waren die Kontakte zudem verbindlicher und von einem höheren Bewusstsein für die Folgen des eigenen Handelns geprägt.

Schlusswort

Sucht gab es zu dieser Zeit natürlich auch, doch süchtiges Verhalten beschränkte sich zumeist auf Alkohol-, Drogen- und Zigarettenkonsum.

In der heutigen Zeit wird der autoritative Erziehungsstil empfohlen, der auf der einen Seite von klaren, vorher definierten Regeln und auf der anderen Seite von Wertschätzung, Liebe und Respekt geprägt ist, wobei aus Fehlverhalten resultierende Strafen und Konsequenzen von den Eltern erläutert werden sollten. Der autoritative Erziehungsstil gewährt den Kindern darüber hinaus erweiterte Entscheidungsspielräume. Auch wenn sich dies zunächst sehr positiv anhört, ist das Familienleben heutzutage bedingt durch die häufige Berufstätigkeit beider Elternteile oder aber durch die Tatsache, dass es immer mehr Alleinerziehende gibt, oftmals durch Zeitmangel geprägt, sodass sich viele Kinder gestressten und überforderten Eltern gegenübersehen. Hinzu kommen die veränderten Rahmenbedingungen einer hochdigitalisierten, pluralisierten und interkulturellen Gesellschaft, in der das einzelne Individuum sich unzähligen Wahlmöglichkeiten von Lebensstilen gegenübersieht. Zum einen schafft dies vielfältigere Gestaltungsmöglichkeiten dessen, was der Einzelne für sich als erstrebenswert und wünschenswert ansieht, zum anderen bedeutet dies aber auch höhere Anforderungen an das Empfinden und Definieren der eigenen Identität. Auf der Suche nach selbiger scheint der Dschungel an Socialmedia-Plattformen eine perfekte Bühne zu bieten, seine eigene Identität über dort präsentierte Vorbilder

Schlusswort

auszubilden, die durch perfektes Aussehen, berufliche und private Erfolge gekennzeichnet sind und dem Konsumenten ein Idealbild zeigen, das in der eigenen Realität gar nicht oder nur durch große Selbstoptimierung zu erreichen ist. Dies bedeutet zum einen einen hohen Druck, diesem Idealbild zu entsprechen, um sich wertvoll, begehrenswert und anerkannt zu fühlen, zum anderen birgt das Streben nach dem idealen Selbst auch ein hohes Suchtpotenzial. Süchtiges Verhalten in Form einer Alkoholsucht nimmt dabei eine Sonderstellung ein, da diese in unserer Gesellschaft weiterhin stigmatisiert wird und mit vielen Vorurteilen behaftet ist. Gleichzeitig und fast schon paradoxerweise ist der Konsum von Alkohol nicht nur gesellschaftsfähig und in Teilen sogar sozial erwünscht, sondern wird durch Industrie und Werbung hochgradig unterstützt. Überall zu günstigen Preisen verfügbar, suggeriert er uns ein ganz normaler und harmloser Bestandteil des täglichen Lebens zu sein. Bei gesellschaftlichen Anlässen nicht zu trinken, ist oftmals mit einer Rechtfertigung verbunden und lässt beim Abstinenten oftmals das Gefühl zurück, ein Außenseiter innerhalb einer geselligen Runde zu sein. Dies ist um so mehr der Fall, wenn man abstinenter Alkoholiker ist, und nicht selten überlegt man sich im Vorfeld eines geselligen Anlasses schon, wie man sich verhalten soll, wenn einem Alkohol angeboten wird, oder man bleibt dem Event von vorneherein fern.

Schlusswort

Das macht emotional einsam, zumal man seine Motive für den Alkoholverzicht aus Scham geheimhält.

Es hat mich sehr viel Mut gekostet, dieses sehr persönliche Buch zu schreiben, aber der Wunsch, das Stigma der Alkoholsucht etwas aufzubrechen und dir meine persönliche Geschichte als wesentlichen Faktor für die Entstehung meiner Sucht zu erzählen, war stärker als meine Angst, für meine Alkoholkrankheit verurteilt zu werden.

Deine Maria Weiß